保育のきほん

2・3歳児

『ちいさいなかま』編集部編

もくじ

発達と生活・遊び

認識の広がり

自我の育ち

ことば

二、三歳児の発達と生活・遊び

華頂短期大学
西川由紀子

発達と生活・遊び

認識の広がり

自我の育ち

ことば

にしかわ　ゆきこ
京都大学教育学部卒業、
同大学院教育学研究科博士後期課程単位取得。
華頂短期大学・社会福祉学科
児童福祉コース准教授。
専門は発達心理学、保育学。
保育園をフィールドとして、
言語発達を中心に子どもの発達を研究。
著書に
『子どもの思いにこころをよせて』
『「かみつき」をなくすために　Part２』（かもがわ出版）ほか
共著に
『保育のきほん　ゼロ・１歳児』（ちいさいなかま社）ほか

保育をするにあたって、発達を学ぶことはなぜ必要なのでしょうか？

発達の「標準」を知って、一人ひとりの育ちが「標準」に近いかはずれているかを理解するためではないと、私は思います。発達の道筋がわかることが大事なのです。つまり、こういうことができているとき、次にはこういう力が生まれようとしているという見とおしをもって、一人ひとりの子どもに接していくということです。

そして、今もっている力で遊べることを十分楽しみ、これから獲得しようとしている力がどんな環境を必要としているかを考えて、ことばかけや遊びの構成を考えていくことが大切だと思うのです。それは、早くてもゆっくりでも、子どもたちが一歩一歩、歩みをすすめていくことを、保護者とともに喜ぶことでもあります。

ですから発達を学ぶことは、保育の楽しさを深めることにもなるのです。

これから二歳児クラス、三歳児クラスの子どもたちの発達の解説をしていきますが、年齢が高くなればなるほど、個人差が開いていきます。集団としても、月齢や性別、人数の分布によって、ずいぶん質の違うクラスができます。ですから、あくまでも、発達の順序性としてとらえながら読んでもらえるとうれしいです。

二歳なかばの子どもたち

二歳児は、しゃべれるようになることで、思いを共有する幅がかなり広がり、誰かといっしょにいる楽しさが一段と増す時期だと思います。また二歳児は、とても大切な時期だということも言われています。「自分」というものがはっきりわかるようになり、自分を支える自我が育まれるからです。

この時期に、人といっしょにいるって楽しいなあと心底実感し、その自分を大好きになることが、とても大切だと思います。

話しことばの飛躍的発達をとげ、世界を広げていく時期

単語を話しはじめてからわずか半年足らずで、子どもたちは飛躍的に語彙数をふやし、いろんな話をしてくれます。子ども同士で世間話をしたりもします。ある日の昼食のときのことです。

あい「ゆうちゃんのお母ちゃん、かわいいなあ」
ゆう「うん。あいちゃんのお母ちゃん、ぶっといなあ」
あい「うん」

相手のお母さんをかわいいと言ったのに、ぶっといと返されてしまったのですが、そういう中身は気にとめず、のんびりと食べながらことばのやりとりを楽しんでいるようでした。おとながなかに入らなくても、思いを伝えあい共感しあえるというのは、大きな変化だと思います。

ごっこ遊び・つもりの世界

ごっこ遊びは、保育者の介在によって展開し、楽しさが広がっていきます。

物語から展開するごっこ遊びの始まりは、絵本や紙芝居からです。『おおかみと七ひきのこやぎ』を読んでもらっていたときのこと。おおかみの足が黒いことを見つけたこやぎたちのせりふのところで、先生が子どもたちに目配せすると、子どもたちはいきいきと声を合わせて「おまえはきっとおおかみだろう!」。そのとき、一人ぼそっと「しまった、ばれたか」とつぶやく子がいて、感心しました。彼は一人、おおかみ役を演じていたのでした。

そんなやりとりを絵本で楽しんだあと、散歩先でもホールでも、おおかみごっこはどんな場所でも展開されることになるのです。こやぎになる楽しさ、声を合わせる楽しさが、子どもたちに十分伝わっています。

どろんこ遊びをしながらお店屋さんになったり、自分でつくったお面をつけてオニになったりするのも楽しい子どもたちです。そのつもりの世界について、三重大学の河崎道夫さんにおもしろいエピソードをうかがいました。

二歳児クラスの散歩のなかでのできごとです。散歩先にあった自動販売機に興味津々の子どもたち。先生に抱きあげてもらってお金を入れるふりをして、欲しいジュースのボタンを押して、ジュースを買うつもりの遊びをしていました。順番を待ってようやく自分の番になった子がお金を入れるふりをしてボタンを押したところで、別の子がさっと下の缶が出てくるところからジュースをとるふりをしてかけていったら、その子が怒って泣いてしまったというのです。もともとないものをとられたのですが、それでも、ジブンガ押して選んだジュースはジブンデ取らないと承服できないということから、子どもたちは、ジュースの缶が見えているかのようにリアルに思い浮かべて遊んでいることがうかがわれました。*

過去を振りかえる力

二歳一一か月のうららちゃんと二歳一〇か月のしょうくんが、保育者と、二か月まえの節分のできごとをこんなふうに語っていました。

うらら「さっきオニきたな」

保育者「まえ、きたなあ」

うらら「おっぱいおおきかったなあ」（女性のオニも来ていたので）

しょう「豆投げたな。オニは外、福は内！」

二か月まえのできごとを、三人で共有して振りかえって語りあうことを楽しんでいる姿です。過去は消えてしまうのではなく、一人ひとりのなかにあり、共有できる財産になっています。

こうして、「触れること」「見えること」といったここにあるものではなく、過去の体験や、知っていることを思い浮かべる「表象能力」を使って、目の前にはない世界を友だちと共有して楽しめる子どもたちです。

操作的な力の発達……相手の気持ち・生活の文脈を読みとる力

操作的な力としては、発達検査の項目に積み木四個を使って「トラックつくってね」という課題（一辺二センチの積み木を横に三個並べて、左端の積み木の上にさらに一個の積み木を乗せて見せ、子どもに四個の積み木を渡す）がありますが、そこで同じものをつくるよう期待されていることがわかって、つくれるようになります。このように、積み木を器用にあやつるだけでなく、相手の期待を受けとれるところにも、この時期の力が現れています。

また、はさみやのりを使おうとしたり、おとながしているのを見て、お皿を運んだり、洗濯ものをたたもうとしたり、お手伝いができることがうれしかったり、生活の文脈に沿った行動をすることもできるようになっていきます。器用になってきた力と、おとなと同じように行動したい願いがつながって現れた姿です。

こうした行動のなかで、自分の有能さをまわりのおとなたちから十分評価されると、子どもたちの自我が太っていきます。

認識の力――「いっしょ」の認識を確かにしつつ、比べる力を獲得する

おとなのまねが大好きな子どもたちは、とにかく「いっしょ」が好きです。私のねこのブローチを見て、自分のねこのタオルを取りにいき、「まこちゃんといっしょやなあ」と笑顔を見せてくれます。そして、「でもちょっとちがうなあ」と、差異にもふれます。そうして、ものの比較をする力を蓄えていくのです。

「いっぱい」と「ちょっと」、「大きい」と「ちいさい」など、二つのことばで表すことができます。ボタンとめに「もうおっきいし、一人でできる！」と挑戦したり、大きいお

兄さんたちが大型遊具で遊んでいるのを見て、「まきちゃん、まだちっさいしやめとくわ」と、尻込みしたりします。

ものをとらえるときにも、自分自身をとらえるときにも、対比的な認識を用いて生活している子どもの姿です。

自我の充実

生活の随所に自己主張のことばが聞かれます。着替えの場面です。

保育者「手伝おうか?」

うらら「うらら、ジブンデ」

落ちている人形を拾いあげて持っていると「あかん、それゆうちゃんの」

一人でできることを誇りに思い、自分のものをしっかり認識している姿です。この「ジブンガつくった」「ジブンデできた」という喜びが、自我を育んでいきます。

この時期の特徴は、他者と比較をしないことだと思います。つまり、自分のつくったものが、ほかの人よりうまくできているからうれしいとか、友だちのつくったもののように自分はうまくつくれなかったことがくやしいとか、そういう比較に基づく喜怒哀楽ではなく、自分がつくったということ自体がうれしいということです。だから、子どもたちはどんなときにも、誇りに満ちた笑顔で「ミテ!」と自分のつくったものを見せてくれるのです。この他者と比較をしない時期に、十分みんなから評価されて、しっかりと「自分のことが大好き」という気持ちを育むことは大事だと思います。

集団のなかでの自我のぶつかりあい

このように自己主張できることはとてもすばらしいことなのですが、二歳児クラスの全員が自己主張するのですから、集団生活はぶつかりあいの連続になります。家庭保育の一人っ子の場合、自分のおもちゃは永遠に自分のものですが、保育園では自分が見つけたおもちゃがいつ友だちのものに変わっていくかわかりません。思いどおりにならないことの連続です。でもこのこと自体が、自我を育むのに適した環境なのだと思います。すべてが自分のものであるとき、あえてこれは自分のものだと心に刻むことはないけれど、取りあいになると、がぜんそれが自分のものであることが強く意識でき、自分というものを意識することになるからです。

自我のぶつかりあいで大事なのは、自我がぶつかりあうなかで、それなりの折りあいのつけ方を子どもたちが学んでいくところにあると思います。

たとえば、ある日の朝のおやつの場面です。その日のおやつは動物の形をしたちっちゃなビスケットでした。座っている順番で、一人ひとり先生に差しだされたビスケットを選んでいます。ひと口で食べおわってしまうものなのに、かなり迷って選んでいる子どもたちでです。最後のほうの順番だった二歳一〇か月のゆうちゃんは、差しだされたお皿を見て「パンダがよかった」と先生に訴えます。誰がパンダを持ってるの？　と先生に聞かれて、手をあげたのはゆきちゃんでした。「じゃあ、ゆきちゃんに替えてくださいってお願いしてみる？」と先生にうながされたゆうちゃん。

ゆうちゃん（ゆきちゃんに）「替えてください！」

ゆきちゃん「いや！」（ゆうちゃんを振りかえらず前を向いたままあっさりと）

ゆうちゃんは、床に突っぷして「ゆきちゃんなんかきらい！」と叫びましたが、先生に手を引かれて席に戻り、アシカのビスケットを選びました。先生に「アシカでいいの？」と聞かれて、「いい！」と答えたゆうちゃんは笑顔でした。自分の思いを主張したら、受けいれられなくてもぐっとがまんをして、別のものでも納得できるようになった姿です。

同じような場面で、三歳になったばかりのみえちゃんが「替えてください」というあいちゃんに「いいよ！」と替えてあげられた日もあります。そのとき保育者に「すごい、すごい、すごーい！　かっこいい！」とほめられて、得意顔のみえちゃんでした。「ジブンノ」「ジブンデ」と自我を太らせた子どもが、相手に譲ることのできる「すてきな自分」を披露して評価されることで、いっそう自我を太らせている姿です。

この気持ちの立ちなおりや切り替えができるまでには、たくさんのものや場所の取りあいなどを経験して、自分の思いを鮮明にし、少しずつ相手の思いに気づいていくことが必要です。そして、自分の思いを相手にどうやって伝えるかを工夫していくのです。その力を自分のものにしていくために、保育者がそれぞれの思いをていねいに言語化して、本人にも相手にも伝えていくという働きかけをしたり、かっこいい姿を見せることができた子どもをうんと評価することによって、「すてきな自分」になりたい気持ちを子どもたちのなかにふくらませていくことがとても大切だと思います。

自分大好きという思いをしっかりもっているとき、相手といっぱい楽しい時間を過ごしたり、少しはぶつかりあいも経験することによって、相手の気持ちに気づき、相手のことも大好きになれるのだと思います。

かみつき

おやつの場面です。二歳四か月のゆうちゃんがジブンデ用意した席を立って遊んでる間に、しょうくんが空き席と間違えて座ってしまいました。それを見たゆうちゃんは、タタタッと走り寄って、しょうくんの背中をかんでしまいました。わけのわからないしょうくんは大泣きになります。そこで先生がなかに入って、それぞれの気持ちを代弁しながら、かんだことは悪かったことをゆうちゃんに伝えます。

そんな日々が繰りかえされた半年後、同じ場面がありました。こんどは二歳一〇か月のけいちゃんの席に、二歳一一か月のうららちゃんが座ってしまいました。そのときにはいきなりかむのではなく、けいちゃんはうららちゃんを見るやいなや、大声で怒り、うららちゃんの席の真後ろで床に突っぷして泣きました。その間、うららちゃんは固まって憮然とした表情で動きません。怒っているけいちゃんにも、うららちゃんに悪気がないことがわかっているから、手をあげずに抗議ができるのだと思います。先生に、「あいてると思ったんやなあ、間違えちゃったなあ」と気持ちを切りかえることばをかけてもらうと、こくんとうなずき、席を替わったうららちゃんでした。

「ジブンノ場所を取られた」という思いで、直線的に相手から席を取りかえそうとかみついていた初めのエピソードにくらべて、あとのエピソードは、怒る勢い自体は同じであるにもかかわらず、かみつきに至っていないのはなぜなのでしょうか？　ジブンノ席を取ってしまった友だちへの抗議の思いは、こちらのほうが強いように思われます。ジブンノ場所に他者が座ってしまっている事実に怒っているのではなく、座っている相手に怒りをぶつけているように、私には思われます。そこには友だちとの関わりの積み重ねが感じられます。

取られたものを取りかえすことが目的であれば、かんだり、たたいたりすることで、物理的に取りかえすことができます。でも、「私の場所なんだから座らないで」の思いを伝えるには、かんでしまうのではなく、うっかり席を取ってしまった相手に対する抗議が必要なのだと思います。それは、自分の思いを相手が受けとってくれるという信頼に基づくものだと思います。そのなかま関係をつくるために、一つひとつのトラブルについて、当事者の子どもそれぞれの思いを受けとめ共感しつつ、相手の思いを伝えていくことが、繰りかえされていくことが大切なのだと思います。

三歳なかばの子どもたち

三歳児クラスに進級すると、「幼児クラス」と呼ばれたりします。一番大きく変わることは、保育園のなかでは保育者の配置の激減、幼稚園の場合は家庭から集団保育へという激変だと思います。

この大きな変化を、子どもたちは期待をもって受けとめています。「お兄さんなんだから」とはりきって朝の準備をしたり、「やったげよっか?」と、困っているおとなに声をかけたり、「大きくなった自分」「できることいっぱいの自分」を披露して、はりきってすべきことをこなし、相手を思いやり、いろんなことができるようになった喜びにあふれる子どもたちです。

一方不安になると、自我が萎縮して動けなくなったり泣いてしまったりすることが多く、環境の変化に左右されるという特徴もあります。

周囲をよく見て動くことができるからこそ不安が起こるのだと考えると、三歳児保育は、どれだけ短時間で子どもたちを新しいクラスの環境になじめるようにするかということが、特に春の保育の明暗を分けることになるのだと思います。

ことばによって世界を思い描き、他者と共有する子どもたち

発達検査の課題に「お腹がすいたらどうするの?」「眠くなったらどうするの?」「寒くなったらどうするの?」と問う課題があります。

それに対して「お腹すいてない」という答えをする子どもがいます。続く問いには「眠くない」「寒くない」とけげんなまなざしを向けながら答えてくれます。今の状況を伝えてくれているのです。この課題は、そうではなく「もし、~だったら」という仮定の状況を頭に思い描いて答えることができるかどうかを見る課題なのです。そこが了解できると

子どもたちは、「ご飯食べる」「お布団しいてって言う」「ジャンパー着る」などなど、それぞれの思い描く状況を話してくれます。

お話を楽しむ力もぐっと伸びてきます。

ご飯のまえに「ちからたろう」の紙芝居を読む場面がありました。長い紙芝居をぐっと聞きいっているようすに感心したのですが、そのあとの昼食で一人の子が、ご飯だけをもりもり食べておかわりをして、先生に「おかずもおつゆもいっしょに食べてね」と言われました。そのあとちゃんと全部をきれいに食べおわったところで、驚いたことに、その子はまたご飯のおかわりをしました。案の定、満腹のうえにおかずもおつゆもない状況では、とてもご飯はすすみません。三杯目のおかわりであることに気づいた先生が、「しんくん、お腹いっぱいちがう？　ごちそうさまにしたら？」と声をかけてくださいました。それを聞いて私はホッとしたのですが、彼はそこで「しんくん、ちからたろうになるから」と答えたのでした。

紙芝居では、米びつ三杯のご飯を食べたのですが、彼にはおちゃわん三杯にうつったのでしょう。お話の世界をそんなふうに楽しめる三歳児の力を知りました。

空想の世界は、子どものなかでリアルに思い描かれ、サンタクロースも節分のオニも、レンジャー部隊も、身近な存在です。月曜の朝はひとしきりレンジャーの番組の復習をするから、保育室が闘いごっこで大変だ、という話も聞きました。なりきりすぎて、お互い自分がレンジャーに、相手が悪者に見えるらしく、本気で蹴りを入れている姿を見て、あわてることもしばしばです。

操作的な力の発達

「これといっしょの描いてね」と円を描いた図版を見せると、ちゃんと閉じた円が描けるようになり、さらにその中に目を描いたりして、人物画が描けるようになってきます。十字の図版を見ても、上、下、右、左と四本の線を描いていたのが、二本の線を交差して描けるようになっていきます。みかけの特徴をとらえるだけでなく、「どうなっているか」をしっかり見て描いている姿です。

このころから、だんだん自分の描いたものやつくったもののできばえが気になってきます。ほんとにがんばったところやじょうずにできているところを見つけて評価することが、次の行動への自信につながると思います。

認識の力の発達

自分の名前を、苗字と名前の両方を言えたり、「男の子、女の子どっち？」という問いに答えられたりするようになってきます。数の認識もできてきて、おやつを二つずつ、三つずつなど、選びとることができるようになります。

自我の発達――「すてきな自分」になりたくて

自分大好きな子どもたちが、しだいに相手の思いに気づきだし、ときには驚くような気づかいを見せてくれます。

ある日、しのちゃんは朝からご機嫌が悪く、お昼寝までになんどもなんども大泣きが続いていました。散歩に行くはずが、園庭をちょっと出たところまでで時間切れになるほどの大変な午前中でした。その日のお昼寝の時間のこと。暗い保育室で咳きこむ声がしたので、誰かなと思って場所を見ると、それはしのちゃんでした。私が側に行くだけで怒ることが予測されたので、出る幕じゃないなとその場にとどまることにしようと思ったちょうどそのとき、目の前で寝ていたはずの三歳九か月のなっちゃんがぱっちりと目を開けて、「今、しのちゃん、しんどくってしゃべれないねん。そーっとしといてね」と言うのです。たぶん私が思ったと同じように、きょうのしのちゃんの機嫌の悪さから、おせっかいな私がしのちゃんのところに行ってしまうとまた大泣きになるのではないかと思って教えてくれたのだと思います。しのちゃんの気持ち、私の気持ちを十分考えてくれているなっちゃんに感心しました。

そんなふうに相手の気持ちを理解して、自分がどう振る舞うべきかを考えられる三歳児ですが、いつでもそんなふうに立派な三歳であるわけではありません。

運動会のリズムの練習を誰より張りきってがんばっていた三歳半のしゅんちゃん。運動会の当日、なぜかベンチに座ったままで、クラスのみんなと整列しません。結局、最後までみんなのリズムをベンチから見ていました。家に帰ってからお母さんに、「だって、しゅんのバトンがいつもの場所に置いてなかったから、いややった」と、教えてくれたそうです。みんなといっしょにリズムをするほうがいいことがわかっているのに、恥ずかしくて前に出られなかったことを後ろめたく思っているから、そんな説明を自分からお母さんにしたのでしょう。

まだ、こうしたほうがいいと思ったとおりにできるほどには、大きくなっていないということです。だからこそそんな三歳児と向きあうときに、「どうしてちゃんと、リズム、みんなといっしょにしなかったの」と責めるように言っても、子どもは困るばかりで答えようがないのです。自分自身、どうしてなのかわからないのだと思います。だから、そこのところをおとなのほうが言語化して、「いっしょにリズムできなくて、残念やったねえ」と寄りそうことばをかけると、子どもはホッとするのではないかと思います。

集団のなかでの子どもたちの姿

はじめに、三歳児は環境に左右されやすいことにふれましたが、集団のなかにいると、それが増幅するように思います。

あるとき、とても大変なクラスを見学させていただきました。障害をもっている子どもに加えて、同じくらい気になる子どもが何人もいるクラスでした。

園庭でどろんこ遊びをしていたのですが、そろそろお昼ご飯の時間です。先生が「ご飯の用意しよう」と声をかけると、数名だけはごくふつうに片づけをして昼食準備を始めたのですが、そのほかの多数はそのまま遊びつづけています。発達に遅れのある子には、一対一で声かけしないと活動の切り替えがむずかしいことはわかるのですが、ほかの子どもたちがその子たちを見て、いっしょに遊びつづけているのです。「本当は片づけないとダメなんだけど、もうちょっとだけ遊びたい！」という気分はどのクラスの子どもにもあると思うのですが、そのクラスの場合には、そういう空気がみじんも漂わないのです。きちんと行動を切りかえた子どもたちがすっかり準備を終えたときにも、まだまだ本格的に遊んでいる子どもが複数いました。

楽しく遊びこめていることは大事なことではありますが、本当は、多くの子どもが気持ちを切りかえていく力ももっているはずなのです。それが環境によっては、こんなふうに力が眠ってしまうことがあるのも、三歳児の特徴なのだろうと思いました。

大事なのは、一人ひとりの「すてきな自分でありたい思い」を発揮できるよう、どんな環境をつくっていくのかということだと思います。

お昼寝後の着替えに、いつも極端に時間がかかるクラスでのことです。その日は担任の先生は会議でまだ不在。担任の先生が帰ってくるまでに「みんな、パパッて着がえてかくれてて、担任の先生をおどろかすっていうのはどう?」と、応援に入ってくれた先生から誘われた子どもたち。「それっていいな!」と、みんなの気持ちが一つになったとたん、いつもはのろのろのなおちゃんがすばやく着がえおわり、「なお、このロッカーの後ろにかくれるしな」と張りきり、みんなもあわてて準備しました。戻ってきた担任の先生が「うっそー!」と大声でびっくりしてくれたので、みんなは大満足。みんなで「すてきな自分たちになれた喜び」をかみしめました。

三歳児クラスのなかには、みんながかしこい子ばかりで、ひと声かけるだけで、ご飯準備や着替えがさっとできることがあります。一方、ここであげたようなクラスもあります。でも実は、どちらのクラスでも、「すてきな自分でありたい思い」は一人ひとりのなかにしっかり育っていて、それをどうやって発揮しようかと迷っているように思われます。あせらず、でも期待はもちながら、それぞれのクラスの持ち味を楽しむ余裕があれば、一年の間に子どもたちは大きくなってくれるのではないでしょうか。

＊『あそびのちから』河崎道夫　ひとなる書房　２００８年　79ページ

2歳児…………

月齢や遊びを考慮して活動は少人数で

大阪・麦の子保育園
守安民輝

共同保育所として誕生した麦の子保育園。その後ゼロ歳～二歳児までの定員四五人の認可保育園となり、二〇〇五年からは長年の念願がかなって、ゼロ歳～就学前まで、定員九〇人の園となりました。増築にともない、一時保育や地域子育て支援ルームを備えた保育園としての活動も始まりました。

二〇〇八年度の二歳児ぞう組は、男の子一一人、女の子九人でスタート。六月に一人が退園、一〇月に一人が途中入所しました。保育士は正職員二名・非正規二名（内一名半日勤務）です。クラスの人数が多く、全体的に月齢が低いこと、中ごろと後半にまとまっているのが特徴です。登園が、おやつの始まる九時以降になる子が五人くらいはいましたが、一〇時にはほぼ全員が登園。夕方は一七時三〇分からのお迎えに始まって、一八時ごろには一三、四人になります。

進級時の子どもたちの姿

子どもたちは、進級による環境の変化にとまどう姿は見せず、新しいマークや部屋のコーナー・生活に期待をもっているようす。みたて・つもり遊びがとても楽しい時期で、みんなでオニのつもりになって園内探索をしたり、ままごとコーナーで人形を寝かせてお母さんになりきったりして、それぞれのイメージで楽しんでいました。

ごっこ遊びが楽しくなってくる時期の二歳児の部屋には、木製のシンクやテーブルや野菜、手づくり人形などを置いて、ままごとコーナーを設定しています。

月齢の高い（以下…高月齢）友だち同士で、ままごとコーナーのテーブルとシンクでお料理ごっこが始まります。皿を並べて、野菜を水道で洗い、「はい、どうぞ」「できたよー」とお母さんになりきる友だち。そこに保護者につくってもらった手づくりおもちゃのカバンをさげて「ただいまー」と買いものから帰ったつもりの子。少ない人数だからこそ、共通のイメージをもって楽しめているようすです。

月齢の低い（以下…低月齢）子どもたちは、まだまだ自分の思いのほうが強くて友だちとイメージを共有しにくく、自分の思いだけを聞いてほしい時期です。共通のイメージがもちにくいので、たたかいごっこ（たたいて楽しむ関わり）をしたり、友だちの持っているものが気になったり、自分だけではイメージが広がらなかったりで、おもちゃを取りあってしまうこともあります。

高月齢の子どもたちが楽しんでいるお料理ごっこに、オニのつもりになった子どもたち（前年度末のごっこ劇の会でオニの子のつもりになって遊んだので）が登場し、ままごとがつぶれてしまったこともありました。オニのつもりになった子どもたちは遊びを乱すつもりではなかったけれど、お料理ごっこをしていた友だちにしてみれば、楽しんでいる遊びを中断されてしまったわけで、トラブルになってしまいました。

ときにはその逆に、低月齢のお友だちが園庭でどろんこ遊びをしているところに高月齢の友だちが来て走りまわり、じっくり遊べなくなったこともあります。

少人数でじっくり遊べる工夫

もちろんそのような場面では、保育士が関わって友だち同士の関係を広げていくこともありますが、もっと子ども同士で月齢に応じた遊びを存分にできるような環境をつくりたいと考えました。そして、少人数での活動を大切にするにはどんな工夫が必要かを、担任同士で話しあいました。

一歳児クラスのときには、生活リズムの違いに配慮してグループ別保育やグループ活動を行っていましたが、ある程度生活リズムがついてきた二歳児クラスでは、生活ではなく、月齢や遊びに配慮が必要と考えました。

たとえば、朝の散歩。時差勤務で保育士が四人そろう一〇時三〇分からでは、十分な時間がとれません。そこで、保育士が三人そろう一〇時から、月齢を意識した二グループに分け、二人の保育士が一グループの子どもたちを連れて散歩に出かけ、保育室に残った半分を一人の保育士が受けもつというような工夫をしました。低月齢の子どもたちの場合は、しっかり歩くことと探索活動に重点をおき、高月齢の子どもたちなら、戸外遊びを十分できるような公園に出かけるなど、散歩の目的も明確にしました。

子どものようすを見てグループを入れ替える

この少人数のグループは、いつもきっちりと月齢で分けるわけではありません。少ない集団のなかで、お互いに発達に合った関わりができるよう、また、子どもの気持ちや思いに寄りそうよう、子どものようすを見ながら、臨機応変に入れ替えをします。

高月齢の子が低月齢の友だちと園庭で遊んだりすると、高月齢の子同士のときには見られないような関わりを見せることがあります。低月齢の友だちに型抜きを渡して「どうぞ」「ありがとう」のやりとりをしたり、いつもの散歩ではふざけて手を引っぱりあったりしていた子が、低月齢の友だちの手を引いてあげる姿もありました。いつもなら友だちといっしょに気持ちが高ぶってそれがエスカレートしてトラブルになることも多い子が、園庭に座ってじっくり遊んでいる姿や、低月齢の友だちに気持ちを配っている姿を見て、月齢にとらわれない少人数での関わりの大切さを確信しました。

高月齢の友だちにあこがれるAくんの場合

高月齢の友だちにあこがれて、とても意識しているAくん（一二月生まれ）。一人でじっくりと遊ぶより友だちといっしょに雰囲気を楽しむほうが好きで、友だちとの関わりを楽しんでいました。ただ、何かに気をとられるとまわりが見えなくなりがちで、自分の思いだけになってしまうところがありました。ままごと遊びをしている高月齢の友だちが気になって遊びに入っていくけれど自分の思いばかり強く出してしまうので、みたて・つもりのイメージを共有することができず、トラブルになってしまうのです。Aくんが遊びに入ろうとすると、友だちも「いや」「あかん」と言って入ってくるのを嫌がり、Aくんも「やめて」「あかんわ」と言いながら泣きだし、遊びが止まってしまいます。保育士が仲介に入ってお互いの気持ちをことばにしていく場面がふえていきました。

同じくらいの月齢の友だちとはみたて・つもり遊びでいっしょのイメージで遊べるし、あこがれて近づいていく高月齢の友だちにはなかなか受けいれてもらえないAくん。なんとか集団のなかでAくんが輝ける場面がないかと、クラス保育士で話しあいました。

そこで考えたのが、給食のときの「いただきます」というかけ声です。それまで保育士がしていた「いただきます」のかけ声を、数人の友だちといっしょに前に出てAくんにもしてもらうことにすれば、関わりが変わってくるのではないかと期待したのです。Aくんに、高月齢の友だちといっしょに「いただきます」をしてもらう取りくみを重ねていったところ、高月齢の友だちのほうからAくんを誘ってくれるようになりました。

買いものをしてパーティを

二歳児クラスは、一年間をⅠ期（四月～連休前）、Ⅱ期（連休後～六月）、Ⅲ期（七月～

八月）、Ⅳ期（九月〜一一月）、Ⅴ期（一二月〜一月）、Ⅵ期（二月〜三月）の六期に分けて、それぞれに目標をもって保育をしています。年度の後半からは、三歳児クラスに向けて友だちを意識していってほしいということから、クラス全員でやる活動を中心にしています。

麦の子保育園の二歳児クラスでは、例年、生活で使う「自分のマーク」を野菜とくだものにしています。好き嫌いがでてくる二歳児期に、「自分のマークだから」「友だちのやさいだから」と、親しみから食べられるようになってほしいという願いがあるからです。

そしてⅥ期には、自分で自分のマークの野菜やくだものを八百屋さんに買いにいって、「鉄板焼き&フルーツポンチパーティ」をしました。自分たちで「〇〇ください」と言って野菜やくだものの入った袋をもらう子どもたち。「もうすぐ、ぺんぎん（三歳）組だから」「お兄ちゃん、お姉ちゃんだから」と、三歳児クラスへの期待がいっぱいの姿です。

地域との関わりを大切にしたいということ、また、スーパーでの買いものがあたりまえになっている今の時代だからこそ、八百屋さんでことばでやりとりしながら買いものをする経験をしてほしいということもあり、この取りくみは、麦の子保育園の二歳児クラスの恒例となっています。生《なま》の野菜を見る機会にもなるし、お店屋さんとの直のやりとりで、ごっこ遊びがさらに広がっていくきっかけにもなります。

買ってきた野菜とくだものを使って、パーティを準備します。まず、それぞれ自分のマークの野菜やくだものを洗います。それを、みんなの見ている前で切って、野菜はホットプレートで焼き、くだものはフルーツポンチにして（フルーツポンチのシロップは給食の先生につくってもらって）、みんなで食べました。三歳児クラスになったら野菜やくだもののマークともお別れ。このパーティで、クラスのみんなと進級への期待感を高めました。

電車に乗って散歩

春は、戸外の探索や散歩でしっかり歩く力をつけ、夏は、プールや水遊びでたっぷりからだを動かして自分の気持ちを出しながら体力をつけ、秋には、行事などちょっと新しいことにチャレンジして気持ちをふくらませ、そして、冬。これまでつけてきた力を存分に発揮するときです。

園は自転車や車を利用する人の多い地域にあり、電車に乗り慣れていない子もいます。そこで、交通機関を使っての散歩に取りくむことにしました。駅の近くから電車を見て期待感を高めたり、駅の改札まで行ったり、駅のホームにおじゃましたりもしました。不安や緊張と期待や自信の間で、子どもたちの心は揺れ動いていたと思います。

いよいよみんなで電車に乗って散歩に。目的地のさやか公園は、南海高野線北野田駅から二駅下ったところにあります。大きなアスレチックでたくさん遊び、池の前の斜面で給食室の先生に用意してもらったおやつを食べました。そして保育園に戻ってから、園庭で、給食室の先生にお弁当にしてもらった給食を食べました。みんなで輪になって食べているると給食室の先生も見にきてくれたので、電車に乗ったことや公園で遊んだことなど、いっぱいお話しして、楽しいひとときとなりました。

少人数での活動をたくさんして、自分の思いをいっぱい出して、相手の思いも受けいれられるようになってきたからこそ、このように、一つの活動をみんなで共感できたのではないかと思います。

二歳児にとって、自分のなかにある「あれがしたい」「こうしたい」「ああしたかった」というたくさんの思いを受けとめてもらう保育士との関係がとても大切です。おとなが、子ども一人ひとりに寄りそうことで、子どもは自分の思いを出し、それを認められることで、友だちの気持ちを知ろうとします。そこから気持ちが集団に向かっていくのだと、この一年の子どもたちの姿から、改めて感じました。月齢差のあるこの年度だからこそ、小集団での活動がより大切だったと思っています。

クラスのみんなと進級への期待感を高めたパーティ

2歳児…………

繰りかえしの散歩で見とおしが育つ

神奈川・すぎのこ保育園
樋渡範子

すぎのこ保育園は、神奈川県川崎市の北部にあります。開園から四三年（未認可一〇年、認可三三年）、定員六〇人のちいさな保育園です。

地域は宅地開発がすすんでいますが、まだまだ自然が残されていて、子どもたちは春にはたけのこ掘り、秋にはりんご狩りと、狭い園庭からとびだし四季の変化をからだで感じながら一二時間（開所時間七時から一九時まで）の暮らしを豊かに過ごしています。

安心して自分の思いが出せること、それを受けとめるおとながいること、そのなかで主体的に生きる力を育てたいと、子どもたちが、自分からやりたくなる生活や遊びを考え、取りくんでいます。

二歳児すみれ組は、男の子五人、女の子六人の計一一人、担任は二人です。

興味のあるところへとびだして

四月当初は、進級した喜びと同時に環境の変化による影響もあって、部屋からとびだして幼児の部屋に入り戻ってこなかったり、トイレの水道で遊ぶなど、自由に自分の部屋を出て興味のある場所へ行くことを楽しむ子どもたち。そんなときは保育者もそこについていって、「幼児さんの部屋、探検しようか」「こっちには何があるのかね」などと、楽しみながら、その子たちと関わってきました。

二週間ぐらい経ったころには、子どもたちも満足したようすで、部屋をとびだすことも少なくなり、すみれ組の部屋で過ごすようになってきました。

子どもたちには部屋の外へ出ていきたい動機があり、その思いが満足できなければいくら連れてかえってもまた出ていってしまうということが、子どもたちの姿からわかりました。子どもを待つことも大切だし、子どもたちにとってすみれ組の部屋が遊びたくなる環境になっているかどうかを検討する必要性も、子どもたちの姿から学びました。

朝の会でその日の活動を伝えて

九時ごろに朝の会をしています。イスに座って手遊びをしたり、名前を呼んでみんなが元気に登園しているかを確認しあったり、その日の活動の話をしたりします。

初めは「おはようするよー」と声をかけてもブロックや絵本に夢中の子どもたち。イスに座っていても途中で立ちあがって部屋を走りまわってしまう子がいたりして、なかなか朝の会がすすまない状態でした。一人の保育者が朝の会をリードしながら、もう一人のサブの保育者が朝の会に参加しない子どもたちに関わっていました。

そんなふうに毎日朝の会を繰りかえしているうちに、「おはよう」をしたあとには楽しい活動があることがわかってきた子どもたち。「おはようするよー」と声をかけると、集まってくるようになりました。

また「きょうはね、お天気がいいから散歩に行くよ」「やったー」「どこに行くの?」「きょうは、ハナちゃんコースに行くよ」「ハナちゃんのとこ、行く!」と、朝の会で活動を伝えることで、次に何をするかの見とおしがもてるようになってきました。

きょうは、ハナちゃんコース

春、園庭でたっぷり遊んだ子どもたちは、週に二回のペースで、園の近くの場所へ散歩に出かけていきます。陸橋の下やハナちゃんという名前の犬がいる川沿いのコース（ハナちゃんコース）に繰りかえし出かけます。

散歩に出かけるまえには、トイレに誘いますが、「おしっこ出ない」「さっき、お家で行った」「さっき、出たもん」などと、どうしてもトイレに行きたがらない子もいます。そんなときは、その子の気持ちを受けとめ、無理にトイレに行かせたりせずに散歩に出かけます。途中でおしっこが出てしまったときは、「だからさっき行こうって言ったのに」と責めるのではなく、「おしっこ出ちゃったね、こんどはトイレに行ってこようね」と、その子の気持ちをくむような働きかけを心がけています。

　五月の中旬ごろから個人の箱にパンツ、Tシャツ、ズボンの三点セットの着替えの準備をしてから出かけます。この生活の流れも、初めのころは保育者が「パンツは入れた？」などと声をかけていましたが、毎日繰りかえしているうちに、保育者からの声かけは減ってきて、自分たちで「次はこれだな」と考えて行動するようになっていきました。

　もちろん流れを理解するまでにかかる時間は一人ひとり違うので、その子に合わせて援助したり見守ったりしました。自分たちで洋服を準備するので、自分の好きな服を選んで「○○ちゃんのお花がついてる」などと見せあいながら用意します。散歩先がわかっているので「きょうは、ハナちゃんコースにお散歩だ」「いっしょに走ろっか」「お魚、いるかなあ」などと、楽しみや、遊びへの見とおしをもって行動します。

　出発まえに門のところに集まって、「きょうは、どこに行くの？」と、子どもたちに聞いてみると、「ハナちゃんのとこ！」と元気に答え、大好きな散歩に出発です。ハナちゃんのところに着くと、まずはハナちゃんの犬小屋めがけて大きな声で、「ハナちゃーん」と呼んでみます。顔を出してくれるときもあれば、姿を見せてくれないときもあります。「あっ、ハナちゃん出てきたー」「おーい、おーい」「ハナちゃんこっちに来てよー」「ハナちゃんに会えてよかったね」とか、「あれ？　きょうは、ハナちゃんいないのかな？」「ハナちゃん出てきてくれないね」と、ハナちゃんのようすを見にいく子どもたちです。

楽しい体験が次の見とおしに

　初めから、朝の会で散歩の場所を伝えればスムーズに出発できていたわけではありません。出かけるときに園庭側にある門から出るのですが、園庭にはすべり台や三輪車や砂場があるので、散歩に行くことを忘れて遊びだしてしまう子どもたち。その一人ひとりに「これから散歩に行くよ」「ハナちゃんに会いに行くよ」「電車、見に行こう」などと声をかけて、やっと出発できる状態でした。

でも、なんども散歩を繰りかえしているうちに、一人ひとりが、散歩先のイメージや、そこで遊ぶ楽しみをもてるようになってきて、スムーズに出かけられるようになっていきました。そのうち、子どもたち同士で「きょう、ハナちゃんのところに行くんだって！」「散歩だね」と声をかけあう姿なども見られるようになっていきました。

近場の散歩を楽しみながら、少しずつ散歩の距離を伸ばしていきます。

園の近くにある陸橋の下までだった散歩が、階段を登って上まで行くようになります。階段に慣れている子、こわがって保育者と手をつながないと登れない子などさまざまですが、階段をこわがっていた子も、陸橋の上まで行けば電車が見えることや、陸橋を越えて行くと駅裏公園があることなどがわかってくると、ゆっくりゆっくりと、階段に挑戦していきます。階段が苦手な子に、ほかの子どもたちは「ガンバレ～ ガンバレ～」と、階段の下から励まします。繰りかえし階段の登り降りを経験することで、冬ごろには、保育者の手を求めることなく自分で登れるようになり、からだも安定してきているので安心して見ていられるようになっていきます。

駅裏公園、きょうは「何して遊ぼうかな?」

陸橋を越えて到着する駅裏公園では、まず垣根の後ろを通って虫探し。

そのうち「かくれんぼしよーよ」と誰かが言うと、「入れて、入れて」となかまがふえます。保育者もなかまに入って遊びます。「もういーかーい」「まーだだよ」『もーいーよー」「どこにかくれてるのかなあ」「○○ちゃん、みーつけた」と次々に見つけていきますが、なかには、なかなか見つけてもらえずに待ちきれなくなって、自分から「先生、ここだよ！」と出てくる子もいます。まだルールを理解できていない子も多いのですが、友だちや保育者といっしょにたくさん遊んでいるうちに、かくれんぼのおもしろさや、友だちと関わる楽しさを感じていきます。

また、ことばでのやりとりを楽しむ姿は、ことばで友だちや保育者との関係を深めて遊びを楽しむ二歳児ならではの姿だと、うれしく思いました。

秋から冬に季節が変わるときの駅裏公園は、一面の枯れ葉で、まるでじゅうたんを敷きつめたようです。数日まえに来た公園だけど、枯れ葉がいっぱいでまるで別の場所に来たみたい！　こんな経験も、繰りかえし来ているからこそできることです。

子どもたちは、遊びを発見する天才。枯れ葉を集めてきて山をつくり、その中に大小さまざまな石ころを入れて、「焼きいもは、いかがですか?」「一つください」「はい、ちょっとお待ちください」と焼きいも屋さんごっこ。また、木の枝に枯れ葉を何枚もさして、「やきとりですよー」「先生、食べますか?」「くださいな」「一〇円です」「はい、一〇円」「ありがとうございます」などのやりとりも楽しみます。

枯れ葉を踏みしめてカサッ、カサッという音を楽しんだり、集めてばらまいたりなど、同じところなのに、来るたびに新しい楽しみ方をして、発見がいっぱいです。

繰りかえしの散歩の大切さ

繰りかえしの散歩に大切に取りくんできて、散歩に出発するときの子どもたち一人ひとりの表情が変化してきたことに気づきました。

「この場所に行くなら、これをして遊ぼう」「こっちなら電車が見られる」など、先の楽しみを思い浮かべることができるので、表情が輝いてくるのです。また、階段の登り降りをする姿にも変化があり、足腰がしっかりしてきたことを感じ、散歩を楽しみながらからだがつくられていくことも実感しました。

散歩先で楽しむ簡単な集団遊びで、友だちとの楽しい関わりを積みかさねます。また、ときにはけんかをとおして、相手の思いが少しずつわかるようになっていったり、自分の思いを伝えようとするなど、ことばの獲得の面でも大きな成長を見せてくれました。

おとなにとってどうということもないものに興味をもったり、ちいさな虫を発見したり、思いがけない遊びを展開したり……さまざまな子どもたちの姿は、見ていてとても新鮮で楽しく、保育者も散歩を思いきり楽しみました。こんなふうに楽しさを共有していくことで、子どもたちと保育者との関係も深まってきたように思います。

散歩を繰りかえすことで、見とおしをもって主体的に行動しようとする子どもの姿が多く見られるようになってきたし、次に何をするかがわかっているから、子どもたちが安心して過ごしているようにも思われました。からだがつくられると同時に心の豊かさを育む大切な時期。二歳児にとって繰りかえしの散歩（や生活）の大切さを改めて感じました。

これからも子どもたちといっしょに、楽しい散歩に出かけていきたいと思います。

畑のわき道を
元気に歩く
子どもたち

手をあげると、
影もいっしょに
手をあげた

3歳児…………

あしたも行きたい！みんなと遊びたい！

埼玉・くわの実保育園
林　永子

三歳児とんぼ組は、男の子八人、女の子七人の一五人（ゼロ歳から入所九人、一歳児から入所四人、二歳児から入所一人、三歳児から入所一人）です。担任はゼロ歳児期から持ちあがりで、現在一人です。

毎年新しいなかまを迎えながら、子どもたちにとって保育園が「あしたも行きたい」「みんなと遊びたい」場所にしたいと思い、日々の保育をしています。午前中は散歩、リズム、砂・水遊びなど思いきりからだを使って活動し、お腹をすかせて栄養バランスのとれた給食を食べ、絵本の読み聞かせのあと午睡をし、午後の遊びへとつなげています。

二歳児から入所のTくん

子どもたちは、子ども同士でとてもよく遊びます。

自分たちで命名した「家族ごっこ」。それぞれ役割を決め（男の子がお母さん役のときもある）、自分のリュックを背負い、手拭きタオルを持ち、ホール・ちいさい子のクラス・押入れ・イスや机を積んでつくったところなどで、折り紙や積み木まで持ちこんで遊んでいます。そのなかに、二歳児から入所してきたTくんも加わっています。

入所当時のTくんは、ことばがほとんど出ず、「ママ」「ヤッ（いや）」などのいくつかの単語しか発しませんでした。表情がかたく、目を合わせることもむずかしく、喜怒哀楽も表しませんでした。指先に力が入らず、親指と人さし指でつまむことが大変なため、ズボンやパンツの上げ下げにも保育士の手が必要でした。咀しゃくも弱く、奥歯でかむ、かじる、かみきることができない状態でした。食べたことがないものには口を開けようとせず、ご飯をつまんで食べていました。

遊びも、当初は積み木を並べたり、二、三個積みあげるなどの一人遊びで、友だちには興味を示しませんでした。砂遊びでも、一人でシャベルでかわいた砂をすくっていたのですが、やがて、ほかの子どもたちが山をつくったり、トンネルを掘って水を流したり、たまった水の中でバシャバシャ遊ぶのを見て、興味をもちはじめ、自分も水に向かっていくようになりました。

そして少しずつ、まわりにいるクラスの子どもたちを意識しはじめ、模倣するようになり、友だちの近くに行くようになりました。

担任がていねいに手をかけているうちに、Tくんも衣服や靴の着脱ができるようになり、なんでも食べられるように変わっていきました。担任がTくんに関わっている姿を見ていたクラスの子どもたちは、自然にTくんを受けいれて声をかけるようになっていきました。

Tくんと関わるなかまたち

Yくん（ゼロ歳児より入所。Tくんより月齢が二か月高い）が、Tくんによく関わってくれるようになりました。あまりうまく走れないTくんを「まてー」とTくんの速さに合わせて追いかけたり、「こっちだよー」と、自分を追いかけるようにTくんを誘ったり、散歩に出かけるときは、必ず手をつないでくれました。Tくんも、Yくんの名前は一番におぼえて、呼んでいました。

集団遊びの「ネコとネズミ」では、しっぽをつけて逃げ、一番にネコにねらわれてしっぽを取られてしまっても、喜んでキャーキャーと歓声をあげて逃げていました。また、頭に手をやって、ネコのぼうしをかぶせろと要求もしてくるようになりました。

三歳児クラスになって、女の子が一人、新しく加わりました。このYちゃんにとって、Tくんは大事な存在となりました。

Yちゃんは、クラスのなかま集団がある程度できているところに入所してきたため、なかなか打ち解けることができず、みんなのようすを見ていることが多かったのです。そんなとき、Tくんと関わることでホッとしているようすがうかがえました。Tくんはニコニコとおだやかにイスを集めて並べたりして、いつでもYちゃんを受けいれてくれたのです。

Yちゃんはまた、自分より月齢の低い一二月生まれのKちゃんに対しても、お姉さん気分で接しながら、声をかけて遊ぶようになっていったので、Yちゃん、Tくん、Kちゃんという三人の関係もいい感じになって、Yちゃんがみんなのなかに入っていくきっかけになりました。

ルールのある遊びを取りいれて

子どもたちの動きが活発になり、自己主張もでてきて、ことばでの表現もさかんになりました。あちこちでトラブルも起こり、笑ったり、怒ったり、にぎやかで忙しい三歳児たちです。

自分の思いどおりにならないとぐずってしまう甘えん坊や、担任以外の保育士のことばは受けいれられずにパニックになってしまう子もいます。月齢差があるので、全員で一つのことをするのには時間がかかります。

認識面でも開きがでてきて、遊びのなかでも、ただ追いかけて遊ぶだけでは何か物足りないという子もでてきました。そこで、ルールのある「島オニ」や「あみかけた」などを取りいれました。オニにつかまらずにチャンピオンになったり、オニになってオニのセリフを言うのがうれしかったり、さらに遊びが楽しくなっていきました。

子どもたちは自分のやりたい遊びを口ぐちに「やろう！　やろう！」と訴えて大騒ぎになります。自分のやりたい遊びをやってから帰りたいと言うので、次から次にいろいろな遊びをやったこともあります。

関わりじょうずななかまたち

ヘビジャンケンに取りくんだときのこと。ジャンケン勝負はまだあいまいな子が多かったのですが、ヘビ道を通るのが楽しいのと、二つのグループに分かれてやるのが新鮮でおもしろかったようです。しかしすぐにトラブルが発生。グー、チョキ、パーは出せてもチョキが一番強いと思いこんでいるKちゃんは、「チョキだから負けてない！」と言いはり、相手の子とけんかになってしまいました。みんなから「負けたよ」と言われて自分だけが責められているように感じ、ベソをかいてその場に立ちつづけ、抗議の目で担任に訴えかけてきました。「チョキでも負けちゃうことがあるんだよ。もう一回やってみようよ」と声をかけると、Kちゃんは納得いかないようすでしたが、ふたたび参加しました。

なんどかこんなことが続くなかで、一番月齢の高いAくんが「チョキははさみだから、石は切れないんだよ。パーはチョキチョキって切れるから、パーには勝つんだよ」と、両手を使って説明をしてくれました。すぐには理解できなかったようすのKちゃんですが、どっちが勝ったのかをまわりの子や担任に確認したり、チョキ以外のものを出したりするようになってきました。

Kちゃんのほかにも勝負がよく理解できていない子がいましたが、繰りかえし遊ぶうちにわかってきて、冬になるころには、みんなが楽しくできるようになりました。

Tくんにやさしいなかまたち

勝負にこだわるAくん、Yくんは、陣を取るのがすばやいので、男女のチームに分かれてやりたがります。男の子チームにこの二人がいるおかげで、担任の私は女の子チームに入ります。Aくん、Yくんはすばやく行動するようになかまに声をかけ、Tくんにも配慮してくれます。Tくんはヘビ道の線のとおりに走って、ジャンケンをします。勝負はわからないので友だちに教えてもらい、勝てばすすみ、負けのときは陣に戻ってきます。

担任の入った女の子チームは、こんな男の子チームに圧倒されてしまいます。

Tくんは友だちのことがとても好きになり、みんなの模倣をよくしています。みんながやることは自分もやりたいと思い、必ず参加しています。

島オニをしたとき、いつもは担任がTくんといっしょにオニをやっていたのですが、担任がちょっとぬけたときのこと、AくんがサッとTくんの手をつないで「何島がいいの?」と聞き、友だちにタッチするまでいっしょにやってくれました。また「Tは、うさぎ島をぴょんぴょんって言うよ。だからうさぎ島を描きな!」とか「カメ、オニも言うよ」と、Tくんも参加できるよう、自然に配慮してくれます。Tくんにタッチされたときは、誰も文句を言わずにオニになっています。ほかの友だち同士のときは、タッチした、されてないでけんかになるのに、Tくんにはとてもやさしいなかまたちです。

Tくんは、どの遊びにも喜んで参加しています。

野山の散歩、大好き

園外の野山によく散歩に出かけます。

園のまわりは住宅や商店がふえてしまいましたが、国道を渡ると、田んぼや畑のあぜ道があり、花摘みや虫とりができます。

雑木林の中には、卒園生の祖父の手づくりの長い滑車があるのでそれに乗ったり、山登り、斜面すべり、つるのターザンなどを楽しんでいます。川で泳いだり、沢ガニをとったり、沢ぐるみを拾ったり、ムカゴとりをしたり、散歩に出かけると楽しいことがいっぱいです。

山の斜面は天然のすべり台です。子どもたちは大好きで、なんども繰りかえし遊んでいます。急な斜面を足指で蹴って這いのぼり、スピードをあげてすべりおります。スピードは自分でコントロールしなければなりません。

Tくんは滑車に乗ることはいやがりませんでしたが、高いところが苦手なので、からだをかたくして緊張していました。でも、みんなも喜んで乗っているし、自分も乗ってみたら楽しかったらしく、自分から順番の列に並んでいます。順番をぬかされたりすると「あ～」と大きな声を出して担任に訴えてきます。滑車にいっしょに乗った子が「バイバイ」「いってきます」と手を振ると、Tくんも手を振って「バァイバァイ」と言っています。走って滑車のあとを追いかけてくる子がいると声をあげて喜び、こんどは自分が追いかけていったりします。

ゴールに着くと、帰りはみんなで滑車についているひもを引っぱって、ワイワイガヤガヤと戻ってきます。

このように、遊びをとおして、子どもたちのからだもしっかり育っていきます。

子どもたちは子どもたちのなかで、同じように自分を主張する相手と、さまざまな場面でぶつかりあったり、楽しく遊んだり、共感しあったりしながら、友だちを思いやる気持ちや、がんばろうと課題に向かっていく気持ちが育っていくのだと思います。

自分が大事、自分のことで精いっぱいという状態から、少しずつ、まわりになかまがいること、なかまといっしょに過ごすことが楽しいということを、心とからだで感じとっていくのだと思います。

林の中で木登り

3歳児…………

生活のなかに遊びがいっぱいかくれてる

大阪・どろんこ保育園
東 由美

三十数年間の共同保育園時代を経て、二〇〇四年に認可園となったどろんこ保育園。三階建の園舎に、定員六〇人（ゼロ〜五歳児）ですが、現在七五人の子どもたちが在籍しています。近くには歴史あるあったかい雰囲気の商店街があり、地域に根づいた保育園です。

三歳児すずらん組は、男の子九人、女の子四人の計一三人（うち一人が新入園児）。担任も一人担任となりましたが、「気になる子」が二人、強いアレルギーをもつ子が一人いるので、二歳児のときに担当していた保育士が加配で入り、すずらん組の生活が始まりました。

ちょっとした時間も遊びに変えて

環境の変化で四月は生活するのが精いっぱいでした。そんななかでも、リズムもしたい！　描画もしたい！　クッキングもしたい！　と、私の思いは募るばかり。生活面の確立や丈夫なからだづくりとともに、友だち同士で遊ぶ楽しさをたくさん経験してもらうにはどうしたらいいかと考えました。そして、ちょっとした時間でも工夫しだいで遊びが豊かになるのではないかと思い、生活場面に遊びを取りいれてみました。

たとえば、トイレへ行くとき。トイレまでの廊下をふつうに歩いていくだけでなく、二人組になって手押し車をして行ったり、きんたろう（二人一組できんたろうとくまになり、くまの背中にきんたろうが乗る）で行ったりしました。すると、「きょうは誰としよー」「いっしょにしよー」と、子ども同士の関係が深まったり、「きょうは○○ちゃんとするからあしたなー」というように、集団としても深まっていったようです。

生活場面では、着脱の速い子、遅い子、片づけの速い子、遅い子など、それぞれ個人差があります。そこで、みんながそろうまで待っている間に忍者になったりお地蔵さんになったり、ちょっとした時間も遊びに変えて過ごしてみました。

盛りあがったおどかしごっこ

三歳児組の部屋は三階なので、一階まで降りるときは必ずみんないっしょに降りることに決めていたのですが、なかなか降りてこない子がいたり、階段の途中でけんかが始まったり、とりわけ降りるまえに並ぶ順番ですぐにけんかになったりしてしまいます。

そんなとき、先に降りてかくれていた子を保育士が「どこー」と探すと、子どもたちが「ワッ」とおどろかす遊びが始まり、最後に降りてくる友だちをおどろかそうということになり、この遊びが毎日の定番となりました。

おどろかされる番になりたいときは、「みんなどこ行ったんやろー」「どこー」と言いながら探します。また、おどろかす番になりたいときは、早く降りて「シーやでえ」と言いあい、友だち同士でドキドキしながらじっと待っていて、タイミングを見はからって、そろって「いっせいのーで、わあー!」とおどろかしてみたり。おどろかされる子どもたちも「キャー」とひっくりかえって見せるなど、この遊びはとても盛りあがりました。

毎日の定番ともなると、あきてしまうのではないかと思っていたのですが、わかっていてもおどろかされるのが楽しい! ということが実感でき、遊びが展開していきました。

こんなふうに、みたて・つもり・ごっこを繰りかえし遊んでいるうちに、なかなか落ち着けない子、友だちにわざと手を出したりたたいたりすることでしか自分を表現ができなかった子も、おどかしごっこの楽しさを見つけて友だち関係が広がっていき、無理なくみんなといっしょに行動できるようになっていきました。日々の生活のなかで、ちょっとした工夫で遊びが豊かになり、いろいろなことにつながっていくのだと感じました。

散歩

保育園は大阪市内のかなり交通量の多いところに位置していて、少し行くと車が走っているような環境にあります。散歩の目的は日によって違いますが、一〇~一五分の道のりのときもあれば、長距離の場合には、一時間弱かけて行く公園もあります。

いつもなにげなく通っているあまり車の来ない道路では、白線を一本橋にみたててケンケンやケンケンパーで渡ってみたり、抜き足差し足で歩いてみたり、目的地に行くまでの間も、遊びがたくさん見つかりました。

よく散歩に行く「お山の公園」（もともとゴルフ場だった広い公園。ちいさな山や噴水、アスレチックがあり、木もたくさん植えられています）では、探索をしたり、山の上にある五、六個の石でできた大きなオブジェのところでのかくれんぼ遊び（いつも部屋でしているおどかしごっこのような感じで）で遊んだり、また大きな葉っぱを見つけては目のところに穴をあけてお面をつくり、「オバケだぞ〜！」と葉っぱおばけごっこをしたり、木を見つけては直立不動で（探すほうから見ると姿は見えているのですが）、かくれているつもり、見えてないつもりといった、つもり・ごっこをたくさんしました。散歩が広がり、遊びにつながっていったように感じました。

また虫が好きな子どもたちだったので、虫探しをして、だんご虫やアリを観察しました。身振り遊びのなかでも、だんご虫やアリになったりして遊んだのですが、実際に目で見たり調べたりしたので「アリはおしりをあげて蜜を飲むんやで」「みんなで力を合わせて（エサを）運ぶな〜！」などと話しながら遊んでいました。保育者扮するどろぼうアリをアリになった子どもたちがやっつけにいくごっこ遊びへと広がっていきました。

アリの絵本や図鑑もそろえるなどして環境づくりも工夫したところ、どんどん興味が深まって、とうとう、クラスでアリを飼おうということになりました。アリの巣づくりを見たり、毎日変化していくようすを観察しているうちに、子どもたちにとってアリの存在はさらに身近になっていきました。

運動会で「アリの大冒険」

運動会では、春から遊んできたおどかしごっこやみたて・つもり遊びを取りいれて、表現遊び「アリの大冒険」をしました。

この内容は、木の枝にみたてた巧技台をななめによじ登って蜜を飲みにいき、斜面や一本橋にみたてたところをケンケンやジャンプで渡って、ビスケットを取りにいくというものです。そのビスケットをどろぼうアリに取られてしまったので、みんなでミミズのフンを投げてやっつけることにしますが、なかなかやっつけられません。そこでみんなで力を合わせて大きなフンをつくり、どろぼうアリに見つからないように抜き足差し足で近づいて、ついにフンを投げつけることに成功！　みんなでビスケットを取りもどすことができました。

この「アリの大冒険」は、春から遊んできた遊びを運動会につなげたものなので、どの子も無理なく取りくめたように思います。何よりみんなでどろぼうアリをやっつけたことで、クラスそろって達成感を味わうことができたように感じます。

運動会後も、どろぼうアリごっこで遊んでいた子どもたちでした。

おしゃべりしながら楽しく描画

友だちと遊んで楽しかったという経験を積みかさねながら、描画にも取りくみました。一日の生活のなかで描画の時間をつくるのはなかなかむずかしいのですが、一人ひとり会話をしながら、描画をする日を決めて、給食のあとや夕方の自由遊びのときなどに時間を見つけて、「毎日描画時間をつくること」にこだわって取りくんでいきました。

限られた時間なので一日に二、三人ずつ、一日のなかで楽しかったことを描いていきました（行事のあとなどは、みんなで描くこともありました）。同じ向きで横に座り、子どもに寄りそいながら声をかけて、ほかの子たちとも共感しながらすすめていきました。

前半では、線が弱く絵が幼いと感じる子もいたので、しっかりした線で描けること、紙いっぱいに描けることをめざして、立って描くようにしました。

また、絵を描くことよりも、子どもが十分に自分の思いを出せるような会話を重視しました。毎日続けているうちに、子どもたちのほうから「きょう、描くん誰?」と聞いてくるようになり、みんなで描くことを楽しみにしているようすが伝わってきました。

友だちとおしゃべりしながら絵を描く楽しさを味わい、保育者に話を聞いてもらえるうれしさを経験して、自分を大きく描いたり、友だちをいっぱい描くようになっていきました。とりわけ、心身ともに開放してくれるプールやどろんこ遊びをたっぷり体験した夏のころから、絵がどんどん変わっていきました。

日々の積みかさねの大切さはどんな活動にも言えることですが、描画活動の積みかさねをとおして、友だち関係やことばが豊かに育っていくのを感じました。

私は初めて三歳児を担任しましたが、毎日の園生活のなかで、遊びは断片的なものではなく、「生活」と「遊び」はつながっているということを学びました。

年度末の生活発表会でも、みんなが無理なくふだんの姿で楽しみながら「ぐりとぐら」

の劇ごっこをし、それがさらに子どもたちの自信につながったように思います。二人の「気になる子どもたち」も、友だちといっしょに楽しんでいる姿が見られました。

まだまだ課題はありますが、遊びをとおして、友だち関係を深め、集団を豊かにし、クラスとしてまとまっていったように思います。毎日の生活のなかにからだづくりや遊びになるものがたくさんかくれているし、一つの遊びのなかに「生活」や「からだづくり」につながる要素がたくさんあることも実感しました。

散歩では、虫探しをして、だんご虫やアリを観察

ぜんぶ自分でやりたいの!

できた！を積みかさねて
自信をつけ、どんどん
のびていく。
かっこいいねと言われると
さらにがんばる。

りんご組
2歳児

できるよ!
みとってね!

お片づけ!

お仕事もできるよ。

ウオッチ
高陽なかよし保育園

たいぎー
ことは
せんよ!

でも、
楽しいことは
する!

うみ組
3歳児

おもしろそう!やってみよう!

と、
思えないことは
しません。

おとなの工夫――片づけゲームで片づけ
着がえのあとはいいことあるよ
そそるようなお仕事

そうしないと誰も何もしない。

「認識の広がり」とみたて・つもり・ごっこ遊び

昭和音楽大学
田代康子

たしろ　やすこ
東京教育大学大学院
博士課程修了・発達心理学専攻。
昭和音楽大学教授。
著書に
『もっかい読んで！』（ひとなる書房）
共著に
『育ちあう乳幼児心理学～21世紀に保育実践とともに歩む』（有斐閣）
『遊びの発達心理学』（萌文社）

楽しかったことは、すぐ、ごっこ遊びになる

一歳児クラスの後半ごろから、自分のつもりがなかなかまとつながって、いっしょに同じ動作をする楽しさが育ってきた子どもたち。二歳児クラスになると、飛躍的に伸びることばの力で、この「つもり」を共有する遊びを大きく広げていきます。

ごっこ遊びになかなか加われないBちゃんを見守ってきた犬塚恵理子さん。二歳児クラスの一一月の焼きいも大会の日、Bちゃんが、棒で木炭や枯葉を動かして火加減を調整したり、焼きあがったばかりの熱いさつまいものホイルをはがしたりする保育者のようすや、友だちが「熱い！」といもを手から放すようすをじっと見ているのに気がつきました。その数日後、公園の枯葉の山の前で、Bちゃんが長い枝を手に持って「焼きいもよー」とひとりごとを言っていました。そこで犬塚さんが「うーん、いい匂い！　おいしいおいもが焼けるかなー」と言うと、「おいしいよー」と言いながらも、Bちゃんの目は犬塚さんではなく枯葉のほうを見つづけています。犬塚さんが手を枯葉に近づけて「うわー！　アッチー！」と言うと、Bちゃんは犬塚さんを見て、「熱いわよ」とにっこり。もういちど手を近づけて「ウッ！　アッチー！」と大げさに言うと、ケラケラ笑いました。「Bちゃん、熱いねー」と言うと、「うーん！」と言って、目を輝かして笑顔を見せ、Bちゃんも同じように枯葉に手を近づけて、「あつーいねー」とうれしそうです。Bちゃんと

この焼きいもごっこを続けていると、この楽しい雰囲気が近くにいたKくんにも伝わって、「Kも、おいも焼くー」とやってきました。[*1]

焼きたての匂いや熱さという現実の楽しかった体験をBちゃんがしっかりと心に刻みこんでいたからこそ、公園の枯葉があのときの熱さを感じられるものとなって「つもり」になれたのです。「熱い」「おいしい」ということばによって、現実とごっこがよりしっかりとつながります。Kくんも、Bちゃんと犬塚さんのしているのはあの焼きいも大会のことだとわかったからこそ加わってきたのでしょう。

クラス全員で体験したことは、イメージも楽しさもクラスのなかまで共有されているので、みんながいっしょになってごっこ遊びを展開しやすいのです。

絵本から始まる探検ごっこ

ことばの力がついてきた子どもたちは、ストーリーのある絵本を楽しめるようになります。現実の体験だけでなく、みんなで楽しんだ絵本の世界からもごっこ遊びが始まります。絵本『三びきのやぎのがらがらどん』（マーシャ・ブラウン絵、瀬田貞二訳、福音館書店）を読んでもらったあとで散歩に行けば、木のくぼみを見て「トロルの目だ！」と大発見です。すると別の子が、落ちているひもを見つけて「トロルの毛あった」と次の発見をします。絵本を楽しむことで、それまで気にもとめなかったものが、トロルの目や毛に見えて、近くにトロルの気配を感じてドキドキするのです。

絵本の世界の登場人物が、自分たちの生活のなかにもいるような気がする——こんな心の状態が楽しくて、ここから探検ごっこが始まります。

安曇幸子さんの二歳児クラスでは、いつも行く公園の裏のポンプ室が「オバケのいるこわいところ」になっていて、子どもたちは、そこの戸を「ドン！」とたたいてはあわてて逃げるという遊びを楽しんでいました。

そんな五月に、『にゅー　するするする』（長新太作、福音館書店）を読みました。読みおわったときは「こわいねー」と黙りこくっていたのです。それなのにこの本が好きで、自分たちで開いては「にゅーいたよ、こわいねー」と言いあったり、ままごとカバンに入れて持ち歩いたり、抱いて昼寝をするほどの人気でした。

こわいと言いつつこの絵本が大好きな子どもたちを見て、探検遊びとして広げたいと考えた安曇さんは、子どもたちと園庭に出たとき「にゅー、いるかな?」と言ってみました。とたんに、「こわいよー」と言う子どもたちです。でも、「向こうにいるよ。やっつけよう」と強気な子もいて、「にゅー、いたよ。フゥーって言ったよ」「あっちにいた。にゅーって言ってた」「エイ、エイ、オーッ！　ヨーシ！　アンパーンチ！」と、にゅー探検ごっこが始まりました。そのあといつもの公園で青い柿の実を見つけると、すぐに「にゅーのみかんだ！」ということになり、「これ、にゅーにあげよう」と、ポンプ室の前にお供えしました。「オバケのいるこわいところ」は、今や子どもたちの頭のなかでは、絵本で知った「にゅー」というオバケのいるところになっています。

さらに、『めっきらもっきらどおんどん』（長谷川摂子文、ふりやなな絵、福音館書店）や『おばけがぞろぞろ』（ささきまき作、福音館書店）を読むうちに、オバケは、なんだかこわい存在から親しみのあるものに変わっていきます。ある日、「ドロンガがいたの、あそこの木のところ」「わかった！　すぐ行く！」「よし！　今、行きます！」と遊びだしました。ドロンガは一人の子が思いついた新しいオバケです。こうして三冊の絵本のオバケにドロンガ、散歩の途中で出あったマネキンも加わって、一五人のオバケを相手に探検ごっこが続きました。[*2]

二、三歳児クラスの絵本から始まる探検ごっこは、探検の途中に病院ごっこやままごとなど、いつもやっているごっこ遊びもはさみながら展開します。オバケを探すという共通のイメージでつながりながらも、そのとき目についた木の実でままごとが始まることもあります。それだけに、こうした自由さを含みながらも、大筋として探検ごっこの気分を持続させていくような保育者の働きかけが必要になります。

ほんとにこわい、だけどやっつけ作戦は盛りあがる

二歳児クラスの絵本やお話から始まるごっこ遊びの実践で興味深いのは、「こわい」が重要な要素になっていることです。

磯俣智子さんは、紙芝居『ひよこのろくちゃん』（童心社）を読んで、ひよこごっこを始めました。子どもたちがひよこになって遊んでいるところに、保育者が演じるお腹をすかせた黒ねこごろべえが現れると、鳴き声がしただけでも「ごろべえ来てるー」とこわくて泣きそうになってしまいます。そこで、「エイエイオー！　言うたら逃げるかも」あるいは「おもちのほうがおいしいからとおもちを食べさせよう」と作戦を考えては撃退しました。こわいのに毎日のように「ごろべえはどうしているか？」と話題になるので、「今までは食べられずにすんだけど、つかまえられたらこわいねー」と言うと、「ベロベロバアーのこわい顔をしたらいい」「しっぽをツンツン突いたらいい」という新たな作戦を考えだします。ところがこの作戦で湧いているとき、「あれ？　あの声はごろべえや」のひとことで、たちまちこわくなりシーンとなってしまうのです。[*3]

岡田真梨さんは、二歳児クラスで、保育者が大きな魚になって追いかける遊びをしていましたが、こわくて泣いてしまう子どもがいるので、『11ぴきのねこ』（馬場のぼる作、こぐま社）を読んで、「どうやってやっつけるか」と子どもたちと作戦を考えます。それでもとまどってしまう子がいるので、安心できる居場所を用意しようと考え、「11ぴきのねこたちみたいな船をつくって、大きな魚をつかまえに行こう」とみんなが入れる大きな段ボールの船をつくりました。すると、「お腹がすいたなー、何か食べるものはないかー」とやってきた大きな魚にも、餌をあげればいいんじゃないかと船の中から手を差しだして「りんご」「バナナ」と渡して追いかえす余裕もできました。さらに、友だちが大きな魚につかまったときは助けにいき、船まで連れもどすという展開になったのです。[*4]

黒ねこごろべえも大きな魚もいつもの保育者の姿そのままなのに、声や身ぶりがかもしだす雰囲気で、こわくなってしまうのです。でも、こわくなってしまう現実の自分ではあるけれど、作戦を立てたり、安全な場所としての船があったり、友だちがいっしょなら、作戦どおりにちょっと強く振る舞える自分でいることもできます。みんなといっしょに楽しむごっこ遊びのなかで、いろんな自分のありようを体験し、ちょっとかっこういい自分に気づけるかもしれません。

それだけにこうした遊びでは、子どもたちと作戦を考えだしたり、子どもたちがここなら安全と思える逃げ場所をつくるなどの、保育者の意図的な働きかけが重要になります。

つもりと現実とのみごとな切り替え

三歳児クラスの秋、雨天延期だったいもほり遠足は二度めも雨。がっかりする子どもたちに、近江屋希さんは、「じゃあ、かわりに雨降りいもほり遠足に行こうよ」と提案。まずは、本物のリュックを背負って遠足気分にすると、「ぬれちゃうよ」と心配する子もいます。なだめながら、「雨降りいもほり遠足はね、まずおいもをつくるよ」と、みんなで古い茶封筒に新聞紙を詰めてたくさんのいもをつくり、その上にちぎった新聞紙の土をかぶせて畑にしました。並んで手をつないで出発すると、クスクスうれしそうな声もします。乳児クラスのテラスをぐるっとまわって畑のある保育室に戻ってきたのですが、誰ひとり「畑についたー」と言いません。そこでまた廊下に出て、階段を降りて、「おいもの畑が見つからないねー」と言いながら歩いていくと、事務所にいた保育者が「ガラクタ山を登っていくとすぐよ」と教えてくれました。ガラクタ山とは、いつもの散歩コースの山です。「ガラクタ山……」と言いながら階段の前まで来たとき、突然Yちゃんが「わかった！　ここがガラクタ山だ！」と叫んで階段を登りはじめました。「そうだ、そうだ」と全員が走って登り、ついに畑に到着。おいもを掘って、タライで洗い、新聞紙の落ち葉のたき火で焼いて、「熱い熱い」とほくほくの焼きいもを食べ、雨降りいもほり遠足は大成功でした[*5]。

　現実の遠足ではない、つもりの遠足に出発し、もっと歩かなくちゃ遠足ではないとばかりに、見えている畑をもないかのように通りすぎてつもりの遠足を続け、突然とびこんできた現実のガラクタ山情報をみごとにつもりに取りこんで、現実とつもりを実に鮮やかに切りかえています。

　畑を見ても見えていないかのように通りすぎるとか、ガラクタ山をとっさに階段だとみたてるのは、いもほり遠足のつもりだと強く意識できているからできることです。封筒と新聞紙とでいも畑をつくる作業は、「ぬれちゃうよ」と現実の雨を心配する子にも、つもりの遠足だと意識できる手がかりとして重要だったはずです。こうした支えによって、クラス全体につもりの遠足と現実の遠足との区別がしっかりできていたので、つもりの遠足気分をみんなで楽しめたのだと言えます。

イメージの共有はなかまづくり

二歳児クラスからの持ちあがり担任の越智沙織さんは、三歳児クラスの春、『わんぱくだんのはらっぱジャングル』（ゆきのゆみこ・上野与志作、末崎茂樹絵、ひさかたチャイルド）を読んでごっこ遊びを始めます。

みんなで近所の野原をはらっぱジャングルにして遊んでいました。そこに、絵本に登場する大カマキリに扮装して越智さんが登場すると、子どもたちは全速力で逃げだし、カマキリもどこかへ行ってしまいました。あとから駆けつけた越智さんに、子どもたちは「先生、さっきカマキリ来たんよ！　こわかったけえ逃げた」と教えてくれました。なかには、「あれ、先生でしょ?」と言う子もいました。後日、はらっぱジャングルに散歩に行こうと言うと、「カマキリ出るけえ、行きたくない」と言う子どもたち。そこで「カマキリと話しあってみたら」と提案して出かけました。カマキリが登場すると、子どもたちは「なんでいじわるするん?」とおそるおそる切りだしました。「だってここオレんちじゃもん。オレの食べものかと思ったもん」とカマキリに言われると、「食べんとって！」。「なんでー、一人くらい食べさしてーやー」というカマキリに、「だめよ！」「だめ！」「だってておれたちなかまじゃもん」と応戦し、話しあいの結果、カマキリに友だちがいないことが判明し、いっしょに遊ぶようになりました。[*6]

この「だっておれたちなかまじゃもん」を言ったのは、日ごろは自分が一番のマイペースHくんでした。こわいカマキリとの対峙でとっさに出たこのことばは、新しいHくんの発見として、Hくん自身にもクラスのなかまにとっても心に残るひとことでしょう。

同じイメージを共有してごっこ遊びや探検ごっこなどをするとき、同じイメージでつながって気分を楽しんでいるので、子どもたちは現実の自分やなかまとの関係を越えやすいと言えます。

それだけに、二、三歳児クラスでは、保育者が間に入って個々の子どものイメージしていることをクラスに広めることが重要です。「○○だって」とみんなに宣伝したり、「どんななの？」とイメージを確認することも不可欠です。子どもたちのことばを聞きとって、今、何を楽しんでいるのか、どんなことを考えているのかを確かめながら、それぞれの思いを受けとめ、クラスみんなが共有できるような配慮をしていきたいものです。

＊1 『現代と保育』57号
＊2 『ちいさいなかま』537・539・541号
＊3 『季刊保育問題研究』218号
＊4 『季刊保育問題研究』218号
＊5 『現代と保育』61号
＊6 『現代と保育』61号

2歳児…………

身ぶり表現・ごっこ遊びって こんなに楽しいっ！

大阪・さくら保育園
野元香里／柳　由美

二〇〇三年四月にゼロ～二歳児までの乳児保育園として、定員四〇人でスタートしたさくら保育園（二〇〇九年からゼロ～五歳児、定員六〇人に）。吹田市の住宅地にあり、交通量が比較的多い地域ですが、すぐ近くに、四季を感じられる自然いっぱいの公園がいくつかあります。保育時間は七時から一九時までです。

二〇〇七年度の二歳児ひまわり組は一八人。そのうち進級児は一五名、新入児は二人、一一月からの途中入所児一人です。男児九名・女児九人を担任三人で保育しています。日々の保育をとおして、生活と遊び、遊びと表現活動をつなげて考えることの大切さに気づき、豊かな経験を土台に、生活再現ごっこや身ぶり表現など、からだを使う表現や、さらにそれを描画・造形活動につなげていくことも保育のなかに位置づけました。

「表現豊かな子どもたちに育ってほしい！」と願いながら日々保育をしています。

いっしょに遊ぶ楽しさを！

一歳児クラスのときから、生活再現遊びやみたて・つもり遊びが大好きだった子どもたち。二歳児クラスになってからも、押し入れの下にもぐりこんで、赤ちゃん人形を使ってお母さんになるなど、それぞれのイメージで楽しんでいる姿がありました。新入児は、そんな進級児たちを、少し離れたところから見ていました。

そんな子どもたちの姿を見て、この一年は豊かな生活経験を土台にして、再現遊び、みたて・つもり遊び、身ぶり表現、そしてごっこ遊びをたっぷり楽しみたいなあ、そしてさらに、友だちといっしょに遊ぶ楽しさもいっぱい感じてほしいなあと、担任同士で話しあいました。そのためには、まずは子どもたち一人ひとりのイメージの世界をうーんと広げていこう、そしてそれを、さらに豊かに友だちへも広げていこうと考えました。

見つけたものを出しあって

春。春探しの散歩へ出かけました。子どもたちは虫が大好きだったので、虫のたくさんいる公園に行きました。

子どももおとなも、だんご虫のコロちゃん探しに夢中になり、また、ちょうちょを見つけると「まてまてー」と追いかけて、いっしょに飛びまわりました。

ある日、トマトチームときゅうりチームの二つに分かれて散歩に出かけ、帰ってきてから、「これ、見つけた」と、それぞれ見つけたものを出しあってみました。

トマトチームは、ちょうちょを見つけたことを興奮気味にきゅうりチームに話し、「こうやって飛んでたっ！」とさっそく身ぶりで表現しはじめました。手を羽のように動かしてフワフワ飛びまわる子どもたち。

そんな友だちの表現を見たきゅうりチームたちは、「コロちゃん見つけたでー」と、負けじとコロちゃんの表現を始めました。

クラスのなかで身ぶりの見せあいをするのは初めてのことです。友だちに見てもらうことがうれしくて張りきって表現したり、友だちの表現を見て、自分もやってみたいという思いがふくらんでくるのだな、と感じました。見てきたものをすぐに表現したので、みんなで共感しやすかったのだとも感じました。

ザリガニ釣りへ行こう！

五月には、バスで二〇分ほどのところにある公園へザリガニ釣りに行きました。子どもたちは、自分たちでつくった釣りざお（広告紙をクルクル巻いたもの）と、ザリガニが大好きなスルメと煮干しを持っていきました。

結局、ザリガニは石の下にかくれていて捕まえられなかったものの、子どもたちは釣りざおを池にたらしながら「ザリガニおったなー」とおしゃべりしたりして、友だちといっしょにザリガニ釣りを楽しんでいました。

そしてその経験から、ザリガニごっこが広がっていきました。公園の砂場に着くと、必ず靴を脱いで砂の中にとびこんでザリガニに変身！　砂の中に埋もれて思いっきり泳ぐ子どもたち。また、枝を釣りざお、葉っぱはスルメにみたてて、木の枝に葉っぱをつきさし「これスルメやで」と、表現がとてもリアルです。そのうち、友だちザリガニを釣る子もでてきて、それぞれやりたい役に分かれて、自然と再現ごっこが広がっていきました。

このザリガニ釣りごっこに興ずる子どもたちの姿を見て、「楽しい！」と思った共通経験をもういちどみんなで再現することでイメージがどんどん広がっていくんだなあ、と感じました。

とんぼのあかねちゃん、そしてクモとの出あい

秋になり、散歩先でもかわいいとんぼを見かけるようになりました。そこで、虫を主人公にした『とんぼのあかねちゃん』という絵本を子どもたちに紹介しました。

絵本を読んだあとすぐの散歩では、「あー、あかねちゃんやっ！」と、とんぼを指さしたり、とんぼになって公園中を飛びまわったりしていました。

また、絵本に出てくるクモとクモの巣にも夢中になり、「クモの巣、ここにもあるで！」「こっちにも！」と発見した喜びを伝えてくれます。私たちも、散歩に行く先々にクモの巣があることに気づいて、本当にびっくりしました。子どもたちはクモの巣探しの達人です。いつでもどこでもどんなにちいさなクモの巣だって見のがしません。この、いつでもどこにでもいるクモが、子どもたちのイメージをふくらませてくれたのです。

子どもたちのワクワクドキドキの気持ちをさらに大きくしてくれたのが、紫金山《しきんざん》の探検でした。山には、木と木の間に大きな大きなクモの巣がかかっていて、そこにはなんと一〇センチほどもある大きなクモがいたのです！　保育士がクモの巣に近づこうとすると、「あかん！　クモの巣に引っかかっちゃうやんか！」と、引きとめようと一生懸命な子どもたち。また、クモをこわがる友だちには、「〇〇が守ったる！」と、急いで手をつないであげる姿もありました。

こんなふうに、子どももおとなも、あかねちゃんの絵本の世界に入っていきました。

やったあ！あかねちゃんになった！

もう一つ子どもたちのイメージをより豊かにしてくれたのが、ヤゴとの出あいです。ある日のお散歩のとき、水辺で一生懸命何か捕まえている小学生に出あいました。子どもたちといっしょに近づいてバケツをのぞきこんでみると、なんとそこにはたくさんのヤゴが！　そのヤゴを小学生のお兄ちゃんたちに分けてもらい、その日からクラスで育てることにしました。

毎日、押しあいながらバケツの中のヤゴを眺める子どもたち。「ヤゴはあかねちゃんのあかちゃん？」「あかちゃん」とふしぎそうに友だちと話していました。

ヤゴのご飯は赤虫だということを知って、毎日ご飯をあげたのですが、ヤゴは次々に死んでしまいました。そのつどお墓をつくってお別れをし、子どももおとな（特におとなも、悲しい気持ちになっていました。

とうとう最後の一匹になってしまったときのあるお昼寝まえのことです。保育士が飼育ケースをのぞきこむと、ヤゴがいません！　あわててあたりを見まわすと、ケースの横に弱々しいとんぼが倒れていました。見ると、ヤゴの脱皮したぬけがらがあるではありませんか！　子どもたちにそれを伝えると、もう大騒ぎ！　保育士の掌にのせたヤゴのぬけがらに、子どもたちの目は釘づけでした。

あかねちゃんを空に返そうとしましたが、ヨロヨロと飛んで近くの壁にへばりついたまま動きません。心配そうに見守っていた子どもたちから「あかねちゃん、お空飛びー」「あかねちゃん、がんばれー」と応援の声が出て、みんなであかねちゃんにエールを送りました。

お昼寝から起きてもういちどあかねちゃんがいた壁を見てみると、そこにあかねちゃんの姿はありませんでした。「あかねちゃん、飛べたんかなあ」と、少しホッとした表情の子どもたちでした。

運動会種目に「とんぼのあかねちゃんごっこ」

この実体験から、子どもたちのとんぼの身ぶり表現も変わりました。水の中のヤゴの表現では、スイスイ泳ぐ子や赤虫を食べる子、ヤゴからとんぼに変わる表現では「あかねちゃんになったよ」と、ちぢめていたからだや手足をピンと伸ばして飛んでいきます。以前に比べて、表現がより具体的でいきいきしたものになったように感じます。

運動会の種目「とんぼのあかねちゃんごっこ」では、クモがあかねちゃんたちを食べにやってくるのですが、「雨、降らそう！」「風、ふいたらいいねん」「カミナリも！」と、子どもたち。「よーし！　大雨だあ！」「みんなで大風だあ！」と、雨や風の身ぶりで、みごとにクモの巣やクモをふきとばしたのでした。

意識しすぎてかけっこなどの種目はうまくできなかった子も、この「とんぼのあかねちゃんのごっこ遊び」が始まると、ぐっとあかねちゃんの世界へ入りこんでいました。新入の子どもたちもいっしょに楽しめました。

とんぼやヤゴ、クモは身近な存在で、子どもたちにとって表現しやすかったのだろうし、また、表現したからこそさらに関心が高まっていったのではないかと、子どもたちの姿を見て気づきました。

表現も、身ぶりだけでなく製作や描画につなげるなど、いろんなやり方で繰りかえし楽しみました。そのことが、子どもたち一人ひとりのイメージを豊かに広げ、友だちといっしょに楽しめる力になったのではないかと思います。

心でからだで表現を楽しもう！

この一年をとおして、「身ぶりって？」「ごっこって？」「どうやって子どもたちと楽しむの？」と、たくさん悩み、壁にぶちあたり、立ちどまってしまうことがなんどかありました。そのつど、いろんな人にアドバイスをもらったり、学びに行ったり、担任同士の話しあいを積みかさねたりしました。

そのなかで、「見る、触れる、感じる」という実体験を土台に友だちといっしょに楽しむ身ぶり表現や再現遊び、ごっこ遊びが、子どもの心を豊かに成長させてくれることに気づきました。友だちといっしょが大好きなこの時期だからこそ、友だちと同じイメージの世界で遊ぶ楽しさ、なりたいものになりきれる喜びを、いっぱいいっぱい味わうことが大切なんだ！　と思います。

身ぶりの大切さに気づいてからは、保育者も、本当に子どもといっしょに表現することが楽しくなってきました。表現するって気持ちいいなということを、子どもとともに感じることができました。これこそ、これから生きていくうえで、子どもたちのなかになくてはならない大切な力なのだと思います。

「あかねちゃん、がんばれー」
と声援を送る
子どもたち

2歳児…………

共通の楽しい体験がみたて・つもり遊びにつながる

愛知・みよし保育園
松岡知恵

産休明けから二歳児まで四五人定員のみよし保育園。ちいさな子どもたちを保育するちいさな保育園として、家庭的な雰囲気を大切に、ゆったりとした保育を心がけてきました。

この実践は、私がゼロ・一歳児混合クラスから持ちあがって、初めて二歳児クラスの担任になった二〇〇八年の実践です（なお、みよし保育園は、二〇〇九年四月、名古屋市南区から緑区に移転して、産休明けから就学前までの六〇人定員の園になりました）。

二歳児クラス一八人が、月齢差を考慮して、月齢順に六人ずつ三つのグループに分かれ、三人の担任と生活や遊びをともにしてきました（各グループは、一年をとおして同じ担任が担当）。

まず大切にしたのは、子どもたちが落ち着いて、見とおしをもって生活に向かえることです。そのため、グループごとに（ということは少人数で）、時差をつけて、トイレや着替え、食事をするようにしました。また、この年の二歳児クラスは、一歳児クラスからの進級一五人（四～一一月生まれ）と、ゼロ・一歳児混合クラスからの進級三人（一～三月生まれ）という構成だったこともあり、遊びも、大・中グループ（四～八月生まれ）と小グループ（九～三月生まれ）に分かれて遊びました。ただ朝夕の時間帯は、グループに関係なく、屋上や園庭と室内に分かれてそれぞれ好きな遊びをすることもありましたし、四期（一～三月）ごろからは、クラス一八人がいっしょに過ごすようになりました。

Aくんとぶつかりあう子どもたち

四月。新しいクラスでの生活に慣れることを最優先とし、Dちゃん（一月生まれ）、Eちゃん（二月生まれ）、Fちゃん（三月生まれ）、Aくん（九月生まれ、発達がゆっくり）の四人で主に過ごしました。屋上や園庭でリズム、追いかけ遊び、よーいどんなどの単純な遊びで、共感しあいながら「友だちといっしょが楽しい」という気持ちをふくらませていきました。

五月。一人の子がカバンを持てばほかの子もそれに並び、一人が絵本を読めばほかの三人も絵本を広げるなど、磁石にすいよせられるかのように「友だちといっしょに何かしたい」子どもたちでした。小グループで遊ぶこともふえ、Bくん（一〇月生まれ）、Cくん

（一一月生まれ）の遊びを見ながら、つもりのある遊びが見られるようになっていきました。

そうしたなか、Aくんは認識面の弱さやことばがまだ一語文（それもわからないことがある）ということもあり、ほかの子のつもりに入れないことや、つもりがわからず遊びをこわしてしまうことがよくありました。

そんなとき、最初のうちは「やだ」「だめ」などと、Aくんにことばでいやだという気持ちを伝えていた子どもたちでしたが、ことばで言ってもやめてくれない（理解できない）ので、たたく、ひっかく、髪を引っぱるなどをするようになっていきました。

そのつど、「Aくん泣いてるね。Aくんが持っていったらいやだった？　やめてってお口で言ってほしいな」などと話をしたのですが、プイッとそっぽを向いたり、ニヤニヤしていたり……わかってもらえたという手ごたえは感じられません。

Aくんは、やられてもやりかえすことはなく、泣いて保育者のところへ来るだけだったので、このような状況はますますエスカレートしてしまいました。

「Aくんの遊び」に友だちを誘ってみると

この状況にどうしたらいいのか行きづまってしまいました。そこで場面記録を書いて、ほかの保育者からの意見をもらう場をつくってもらいました。

そのなかで、Aくんがまだ一歳半の節を越えられていないのではないかという指摘と、Aくんの発達をうながすための具体的な働きかけ方を教えてもらいました。遊びのところでは、Aくんを保育者側の遊びに引っぱるのではなくて、Aくんのしている遊びにみんなを誘っていくほうが楽しく遊べるのではないか、Aくんを遊びのリーダーにしてあげるといいのではないか、というアドバイスを受け、目からうろこが落ちる思いでした。

さっそく、Aくんが牛乳パックでつくったイスに座ってバスごっこを始めたとき、Dちゃんをそのバスごっこに誘ってみました。Aくんの後ろにもう一つイスを並べ、Dちゃんも座ってバスは出発します。「ブッブー、出発しまーす。名古屋港水族館に行きまーす」と保育者が声をかけると、二人ともニコニコして運転手のまねっこをしています。「はーい、到着しましたー」。そのときの遊びはわずかな時間で終わりましたが、そのあと、DちゃんがAくんに少しやさしくなったのです。いっしょに楽しく遊んだ経験は、たとえそれが少しの時間でも、子どもたちの関係性を変える力があることを実感した瞬間でした。

でも、EちゃんやFちゃんといっしょにいるときは、今までどおりです。EちゃんとAくん、FちゃんとAくんで、それぞれで遊んでみましたが、やっぱり三人そろうと今までどおり、なかなかうまくいきません。それでも、楽しく遊べる時間が少しずつふえていくのは、とってもうれしいことでした。

プールで力をつけた子どもたち

七～八月。プール開きをしてからは、毎日プールです。大きいプールでは、ワニ泳ぎや花火（座ってバタ足）、シンクロ（手をついてのV字バランスやプールの縁につかまって片足上げ）、いるかジャンプ、顔つけ、魚とり（水中に沈むゴム製の魚や貝を拾う）など、一人ひとりが楽しい遊びを見つけてじっくり遊んでいました。

大・中グループが「みてみて大会」（一人ずつ自分で決めた技をみんなの前で披露する）など楽しそうなことを始めると、Dちゃん、Eちゃん、Fちゃんは興味をそそられ、そっちに行きたそうなようす。でも、友だちとぶつかったり、顔に水がかかったりするのがいやで、なかなか加われません。そして迎えたプール締めの日。一八人全員で大きいプールに入って「みてみて大会」をしたのですが、Dちゃん、Eちゃん、Fちゃんは、三人で手をつないで入っていくことができました。途中いやなことがあって泣いてしまう場面もありましたが、お互いの存在に助けられて、最後まで入りつづけることができました。

毎日同じ日課を繰りかえすことで、生活の力がぐっとつき、友だちの力を借りながら、楽しいことに向かっていく力もぐんとついたプール活動でした。

Aくんは、夏の間、家の都合で保育園はほとんどお休みでしたが、その間にことばがぐっとふえ、認識面もとても成長して、自分から楽しいことに向かえるようになっていきました。

これから盛りあがるぞという瞬間にけんか

九月、朝の受けいれから主活動までを小グループ（A、B、C、D、E、F）で過ごすようになりました。

主活動の時間に近くの広場に出かけ、保育者がAくんと電車ごっこを始めました。すると「Bも」「Dも」「Fもやる」とやってきてつながり、CくんとEちゃんは「カンカンカンカン」と少し先で待っていて踏み切りを始めました。しかし、全員が遊びに入りこれから盛りあがるぞと思った瞬間にけんかが始まり、それを収めている間にまた別のけんかが始まったり、退屈してもとの遊びに戻っていく子がいたりして、なかなか、「みんなで遊んで楽しかったね」という共感関係をつくることができませんでした。

室内ではさらにけんか・トラブルが続発。Dちゃんがおもちゃを抱えこんでしまうのでほかの子もそれが欲しくてけんかになったり、場所の取りあい、「だめ」「バーカ」からたたきあい、かみつき、ひっかき、おもらしなど、保育者にとっても子どもたちにとっても、楽しい時間にはなりませんでした。

ふと思いついた「誕生会ごっこ」

何か六人で「楽しかった」と思えるような遊びはないだろうかと考えあぐねていたとき、Dちゃんがかごいっぱいにチェーンを入れて抱えこんでいるのを目にしました。

保育者「これ、たんたん（誕生会）のケーキみたいだねえ。ほら、このろうそく（木の棒）立てたらよくない？」（と保育者が木の棒を挿すと、じーっと見つめているDちゃん）

保育者「あした、Aくんのたんたんなんだ。たんたん歌ってあげようか」

Dちゃん（パッと顔をほころばせて）「Aちゃーん、たんたんするよー。おいでー」

するとこれを聞いたほかの五人が全員、テーブルの上のケーキをかこんで着席。

保育者「じゃ、ろうそくに火をつけるからね。熱いといかんで、手はひざにおいといてよ。（かまぼこ板を使って手づくりでつくったおもちゃで、カチ、カチ、カチとして）じゃ、歌うよ」

全員で「♪たんたんたんたんたんじょう日　AくんのAくんのたんじょう日　たん♪」

Aくんもとてもうれしそうに座り、ふーっとろうそくを消します。

「おめでとう」と拍手をすると、「こんどは、Dちゃんね」と、二回目からはDちゃんが仕切り、順番に一人ずつうたを歌って、ろうそくを消して、おめでとうをすることができました。ふと思いついて始めた誕生会ごっこでしたが、誕生会のつもりを共有し、けんかすることもなく「なんか楽しかったね」と、六人全員で共感することができました。

次の日には、本当のAくんの誕生会を経験し、ますます楽しくなりました。

一人ひとりがケーキをつくってごっこが始まったり、「ろうそくつけるから、電気消して」と、本当の誕生会のような再現をしたりと、保育者がきっかけをつくらなくても、自分たちで楽しく誕生会ごっこをする姿が見られるようになりました。

気がつくと全員参加の「やきやきパーティごっこ」

六人全員で楽しめるのは、「実際にみんなで経験したことの再現遊び」なのだと思いあたって、「やきやきパーティ」（給食室がクラスに出張してきてホットプレートでチャーハンや焼きうどんをつくってくれる）の再現遊びを、戸外遊びの時間にやってみました。

地面に丸を書き、近くにいたCくんに「ねえ、やきやきパーティのにんじんが足りないから買ってきてくれる?」と声をかけると、「ヤマナカ（近所のスーパー）行ってくるね」と、三輪車で出かけていき、「買ってきたよー」と戻ってきます。それを受けとってトントンと切るまねっこをして、二人で「やきやき……」とやっていると、「Bもー、えっと、玉ねぎ買ってくるわ」「Eはピーマン」「Dは?（何、買ってくればいい?）」「お肉、買ってきたよー」とFちゃん。「にんじん」はAくんです。いつの間にか全員が参加しています。そのうちに「Cがやる」と、Cくんが自分でホットプレートを描き、やきやきパーティを始めたので、保育者はお店屋さんになりました。Cくんが買いものの指示を出し、買いにきた子は保育者と買いもののやりとりを楽しみ、またCくんのところに戻っていって、「できたよー」と食べて、長い時間楽しく遊ぶことができました。
楽しかった共通の体験が、共通のイメージとなり、みたて・つもりの遊びへとつながっていくのを実感し、遊びのなかで再現したくなるような楽しい体験を準備することの大切さを、再認識しました。

誕生会ごっこをきっかけに、一日に一回は「六人で楽しかったね」という時間を意識的につくるようにしてきました。「いっしょに楽しく遊んだ」時間を積みかさねていくなかで、「Aくんおいで、◯◯しよう！」とAくんも遊びに誘われるようになりました。うれしそうに遊びに加わっていくAくんの姿を見て、私も胸がいっぱいになりました。

ろうそくいっぱい立てて、
誕生日ケーキのできあがり

3歳児…………

『めっきらもっきらどおんどん』で遊んだ一年間

高知・南国市立あけぼの保育所
近藤香澄

市街地から少し離れたところにあるあけぼの保育所。周辺には田畑が広がっていて、高知竜馬空港から離発着する飛行機が園舎の上を通過していきます。園児数一三〇人、保育時間は七時二〇分から一九時までです。

近年、長時間保育を希望する保護者がふえてきました。子どもたちは一日の大半を保育所で過ごすことになります。子どもたちが安心して生活ができるよう心がけながら、日々の保育に取りくんでいます。

「友だちといっしょ」が楽しい

男の子一七人、女の子一三人、計三〇人の三歳児ばなな組。子どもらしく元気いっぱいのクラスで、保育室はいつもにぎやかです。子どもたちを真ん中に、思いっきりからだを動かして遊ぶ楽しさをたっぷり味わいながら、笑顔あふれるクラスにしたい、と願う保育者（担任二人・障害児支援一人）でした。

五月のなかばごろには、ホースでの水とばしや、水たまりに集まってどろんこ遊びが始まりました。好きな友だちを見つけて、どろんこパック、ホットケーキづくりなどをして遊ぶ姿があちこちに見られ、そのなかに新入児の姿もありました。毎日の遊びが活発になってきて、「友だちといっしょに遊ぶのは楽しい、おもしろい」と感じている姿、二人、三人と集まって一つの遊びをじっくりする、そんな姿も見られるようになりました。

同時に、一人ひとりの要求がはっきりしてきて、友だちとのぶつかりあいもたびたびありました。そのたびに、「どうして、けんかになったが?」「○○ちゃんはどうしたかった?」と、それぞれの場面で問いかけて、保育者の仲立ちで気持ちの通じあう友だち関係もできはじめました。

散歩に行った帰り道では、手をつないでいた友だちに「○○ちゃん、きょうご飯いっしょに食べようね」と、約束をする場面などもありました。

また、わかば運動会（春の運動会）では、初めての経験に不安な新入児のAくんが、少し気の許せるようになったBくんに、「Bくんと走りたい」と言うなど、友だちの存在によって保育所での生活が安定した場所になっていく姿も見られました。

お話の世界に引きこまれて

夏まつりが近づいたある日のこと、子どもたちに人気の絵本『めっきらもっきらどおんどん』（長谷川摂子文、ふりやなな絵　福音館書店）に登場する「おたからまんちん」から、子どもたちに手紙が届きました。それをきっかけに、『めっきらもっきらどおんどん』をめぐる、ワクワクドキドキの取りくみが始まりました。

保育者が、「たからじゃ、たからじゃ、わしとおたからこうかんじゃ」と、子どもたちにもちかけると、子どもたちは家でおうちの人といっしょに三歳児なりのお宝を考え、空き缶のプルタブ、折り紙でつくった手裏剣、自分でつくった剣、ミラクル棒などを持ってきました。保護者に話がきちんと伝わり、保護者も子どもの思いを一生懸命受けとめてくれ、お宝交換は大成功。お話の世界で遊ぶ子どもたちが見え、「かわいいねえ」と、うれしさいっぱいの保育者でした。

夏まつりの当日は、幻想的な世界が広がるなか、主人公の登場に引きこまれて「ちんぷく　まんぷく」といっしょに唱えたり、セリフを言う子どもたちの姿が見られました。その後も、昼寝のときに「きょうも、めきらがえい（いい）！」と、『めっきらもっきらどおんどん』の話を喜んで聞き、いつの間にか話をそらんじて、自分たちで絵本を読んで楽しんだり、生活のいろいろな場面に登場人物をしのばせて遊ぶ姿が見られました。

プール遊びでも、「しっかかもっかか」のももんがージャンプ（飛びこみ）、「おたからまんちん」のプカプカ浮き、お宝拾い、「もんもんびゃっこ」のなわとびくぐり（もぐりっこ）など、その気になって自信満々で「見て！」「見て！」とやりきる子どもたちでした。

楽しみながら運動会を乗りきる

秋の集い「敬老会」が終わり、運動会に向かって保育所が動きだしました。引きつづき『めっきらもっきらどおんどん』をテーマに、物語の世界を思いえがいて競技の種目を考え、子どもたちが楽しみながら運動会に向かえるように工夫をこらしました。さまざまな場面に登場人物を盛りこみ、「○○で遊べや、遊べ！」とことばの魔法をかけていきました。

自分でひも結びができるようになった子どもたちに、「しっかかもっかか」から（電気）リールと風呂敷が届きました。リールからピョン！ と飛びおりる「竹ぽっくり乗り」、（空飛ぶ）「丸太渡り」など、風呂敷をひるがえしてその気になってがんばる三歳児ならではの姿が見られました。

「保育所にある大きな宝を、みんなでみがけ！」という「おたからまんちん」からの手紙を受け、転がしながら二人組になって何回も紙を貼って完成させた大玉。ところがその大玉が次の日には赤い色になっていたり、「おたからまんちん」や「もんもんびゃっこ」が描かれていたり。「どうしてふしぎなことばかりおこるが？」「ばなな（組）さんがおりこうやきやろ！」「ちがう！　運動会がんばりゆうきよ！」「そーよ。運動会がんばりゆうきよねえ！」と、それを見た朝の子どもたちの反応のかわいかったこと！

運動会ではこの大玉を二人組で担いで運び、息の合った姿を見せてくれました。

運動会が終わった翌日、「先生、ちんぷしよう！」と子どもたち。これは年中組がリズムのなかで行った三人組の表現遊びですが、うたをすっかりそらんじて、友だちと誘いあって三人組になり、スキップしながら年中児をまねていました。そんな子どもたちの姿を見ているると、絵本のなかの三人のことばの魔法の応援にワクワクし、楽しみながら運動会を乗りきり、充実した気持ちを味わってきたことが見てとれました。

そのあとも、保育室や園庭で自然に集まった子どもたちが、歌いながら、いつまでも楽しく遊ぶ姿が見られました。

子どもたち、つくる、つくる

「お店屋さん」は子どもたちが商品を手づくりし、子どもたちが売り子になって、子どもたちが買うという楽しい行事です。このなかで例年、三歳児の作品として、数珠玉通しのネックレス、巻き棒を使った剣づくりをしていますが、作品づくりがさらに楽しいものとなるよう、ここでもお話の人物の登場となりました。

散歩に出かけて採ってきた数珠玉と市販のビーズを組みあわせてのネックレスづくり。ビーズといっしょに「おたからまんちん」からの魔法のことばとして、

①だれでもできる、通してつなげるコース　②ちょっと考える3つとお宝2つコース

③ちょっとむずかしい難関コース

という作品の入った手紙が届き、ただ通すのではなく、子どもたちがちょっと考えながらできるよう課題をプラスしてみました。

剣づくりでは、どんぐりをコマにして、子どもたちの前でまわして見せ、「欲しい人は（広告紙の）巻き棒五本とお宝交換！」ともちかけると、一生懸命つくって持ってきました。あっという間に巻き棒をつくってしまい（どんぐりコマの）数集めに一生懸命の子ど

も、なかなかできないけれどコマが欲しくていらだちながらもがんばろうとする子ども、保育者や友だちに手助けを求める子どもなど、子どもたちのさまざまな表情が見える楽しい取りくみとなりました。

一つのことにこだわり、だんだんじょうずに巻けるようになっていく子どもの姿におどろきを禁じえない保育者でした。できあがった巻き棒はゆうに六〇〇本を超え、五本一組で金・銀に光る本物の剣になったり（ここでも、お宝が登場）、輪投げになったりして、お店屋さんの店頭に並びました。

遊びの楽しさを語る子どもたち

日々の生活のなかで子どもたちはすっかりお話の世界のとりこになり、木々の語る声に耳を傾け、風の音に心を動かし、いろいろなお話の世界へと発展していきました。

節分に向けてのオニ遊び・戸外でのオニごっこが発展して、「おおかみと七ひきのこやぎ」「てぶくろ」「三びきのやぎのがらがらどん」など、楽しい劇遊びを演じ、なりきり、やりきり、楽しさと生きる力いっぱいの子どもたち。描く絵画のなかにも友だちがたくさん出てきて、お話がいっぱいです。「雪がいっぱい降ってねえ、雪だるまつくって、〇〇ちゃんに雪が当たったが！」「先生のおおかみがガオーって追いかけてきたろう、ほんでこやぎがにげゆうがで……」「トロルをやっつけて、がらがらどんが橋を歩きゆう。お客さんもいっぱい来たろう」など、遊びの楽しさを語る子どもたち。

作品展ではまたまた届いた手紙から、三人組の住む《樹のほこら》づくりに取りくみました。新聞紙を丸めたお宝だんごからつくり、じょうずになったひも結びで野原を表現して完成。保育者が連れてきた「かんた」に、「おはよう!」と話しかける子どもたち。もちろん、ほこらに入って、かんた気分をたっぷり味わったばなな組の子どもたちでした。

『めっきらもっきらどおんどん』で遊んだ一年間。愉快な三人組が遊びを盛りあげ、子どもたちの心を動かし「三人がいつもいっしょにいる」そんなクラスになり、愉快な愉快な三〇人の笑顔をいっぱい見ることができました。

保育者自身も、毎日のくらしが楽しい! と感じ、いきいきと遊ぶばなな組の子どもたちに元気をもらった一年間でした。

ばなな組の愉快ななかまたち

「ウオッチ」
高陽なかよし保育園

りんご組
2歳児

「先生!火事よ、火事!」

と、
消防ごっこで盛り上がる。
でも、火事を消したら
ひと安心。
ごっこは終了。

ペットボトルがボンベ!
消防士さんです。

ホースで
水をまいている
つもり。

「クヨ、お母さんじゃけ!」
「ヨウもお母さーん!」

お母さんだらけの
ままごと。

うみ組
3歳児

そんごくう一色!

一年中クラスが
そんごくうにどっぷりつかった
ごっこあそび。

散歩も……おふだを取りに行くための**旅**
遠足も……てんじくまでの**旅**

園長
あしたは遠足じゃね。
ちがう。旅にでる!
ちがうよ!旅よ!

動物園に如意棒を
持って行くしまつ。
(じゃまなのにね…)

「自我の育ち」と自己主張・トラブル

尚絅学院大学
杉山弘子

すぎやま　ひろこ
東北大学大学院教育学研究科博士課程後期満期退学。
尚絅学院大学総合人間科学部子ども学科教授。
専門は発達心理学。
主に乳幼児期のなかま関係の発達を研究。
共著に
『育ちあう乳幼児心理学』（有斐閣）
『かかわりを育てる乳児保育』（新読書社）
ほか

自我の育ちと自己主張

二、三歳児クラスの子どもの自我の育ちは次のような姿で現れます。主体としての自分を意識するようになり、おとなが先まわりして指示をしたり身のまわりのことを手伝ったりすると、自分の行動を「自分で決める」「自分でする」と主張します。また、友だちから「貸して」と言われることで、自分が使っているものという意識やもっと遊びたいという活動への要求が明確になり、すぐには貸せない姿もあります。ことばでやりとりしながらいっしょに遊ぶことができるようになった子どもたちでも、要求が対立する場面では激しく主張しあったり、ときにはつかみあいになったりすることもあります。

このように、自己主張がさまざまなかたちで現れる一方で、友だちの気持ちやまわりの状況に目を向け、自分の行動を選びなおす姿も見られるようになります。自分が使っていることを認められ活動に満足すれば、友だちに貸すことができるようになっていきます。また友だちが使っているときには、待ってから借りることもできるようになります。

田中らは、四歳後半には「ぼくのだケレドモ貸してあげる」といった自制心が随所に芽ばえてくると言います。[*1] ここに至る過程には、自己主張を自我の育ちの現れとして受けとめ、その適切な表現を励ます保育があります。お互いが要求を表現できることで、自分の要求が明確になるとともに、相手の要求への気づきも生まれるからです。日々の保育のなかで、一人ひとりの子どもの遊びを豊かにし、楽しさを共感しあえるなかま関係を築いていくことも大切です。それまで使っているものを貸したとたんに自分の遊びがとぎれてしまうのでは、「いいよ」と気持ちよく貸すことはできないでしょう。また、友だちのやっている遊びを楽しそうだと感じるからこそ、自分もそれを使いたいと思い、貸してもらえたときのうれしさも増すのでしょう。さらに、友だちといっしょに遊ぶことを求める子どもたちは、トラブルを含みながらも遊びを継続するようになっていきます。楽しいことに向けて、自分の行動を選んでいくのです。要求の中身が友だちとの関わりをも含めて豊かになり、それを実現しようとする姿のなかに、自我の育ちを見ていきたいと思います。

「こだわり」をどう見るか

二歳児クラスの子どもについて、「こだわり」が話題になることがあります。たとえば複数担任のクラスで、一歳児クラスからの持ちあがりの保育者に「こだわる」ことがあります。遊んでいるときにはほかの保育者でもいいのに、昼寝のときには持ちあがりの保育者以外の関わりを受けいれないというような姿です。

《**事例I**●子ども一八名と保育者三名の二歳児クラス。クラスを二グループに分けて保育しており、同じ室内ですが昼寝のコーナーが分かれています。進級当初、Aグループのある子どもが、一歳児クラスのときの担任が担当するBグループで寝たいと言います。保育者らはそれを受けいれ、昼寝から起きたらAグループに戻ってくるように言います。その子どもは、しだいに自分のグループで寝るようになっていきます。》

この事例では、持ちあがりの担任のそばで眠りたいというそのときの気持ちを受けとめつつ、自分のグループを居場所として意識していくよう方向づけています。グループでの生活を重ねるなかで担当者とも関係が深まり、眠れるようになっていったのでしょう。

ほかの保育者がいいという強い主張に出あうと、関わろうとした保育者は拒否されたようで悲しくなるかもしれません。しかしこれを子どもの視点から見ると、「安心して眠りにつくために○○先生にそばにいてほしい」という要求を表している姿にほかなりません。「この人といっしょなら安心して○○ができる」というおとながいることは、子どもが安定して能動的に活動するうえで重要です。子どもの人間関係の現状を受けとめ、遊びの場面などでの関わりを意識的に深めながら、「この人といっしょなら安心して○○できる」という関係を広げていくことで、子どもはより自由に生活できるようになっていきます。

「活動の切り替え」をどう見るか

外遊びをしている子どもたちに、保育者が「ご飯にするからお部屋に入ろう」と声をかけたとします。その気になってすぐ入る子もいれば、聞こえる範囲にいるのに遊びつづける子もいます。なかなか部屋へ入ろうとしない子どもの行動をどうとらえ、どう対応したらいいのでしょうか。

《**事例Ⅱ**●前述の二歳児クラスの一月。外遊びから昼食に移る場面。保育者は、子どもたちが保育室に入り、排泄をすませ、手を洗い、うがいをして昼食に向かえるよう援助していきます。まず、五、六人の子どもたちが部屋に戻りましたが、ふろしきをマントにしたりお姫さまのドレスにしたりして遊びだします。絵本を見ている子もいます。それでも保育者といっしょに給食を取りにいくことを目あてに、ゆっくりではありますが「排泄、手洗い、うがい」をします。ほかの子どもたちも戻ってきますが、保育者が「二人、まだ来ません」ともう一人の担任に報告しています（二人のことは外にいる保育者に頼んできたとのこと）。最後まで残った一人については、声をかけただけでは帰ってきそうにないと担任同士が話しあい、迎えにいきます。保育者たちは個々の子どもにゆったりとことばをかけながら行動をうながす一方で、テーブルを出すなど昼食の準備をしていきます。そして配膳、食事となりますが、それほどの時差もなく、みんなが食事を終えました。顔をふき、うがいをして、排泄、着替え、遊びへとそれぞれが向かっていきます。》

外から室内に入る場面では、一人ひとりの活動の切り替えが大事にされています。子どもが自分の活動をしめくくって次の活動を選ぶのに必要な時間も保育者の援助も、それぞれであることが前提にされています。遊びつづけたい気持ちやしめくくれないでいる状況を、どう把握し、タイミングを見計らってどう援助するかがポイントになっています。

切り替えの場面では、子ども自身がこれまでの活動をしめくくり次の活動を選ぶことで、生活が気持ちよく流れていきます。外側から断ち切られるのではなく、「自分が○○する」という形で片づけたり次に向かう行動をとれるようにすることは、生活の主体としての育ちを大事にすることです。そうすることで時間がかかったり働きかけに苦心したりする時期があったとしても、子どもは自分の気持ちに折りあいをつけて切りかえることができるようになっていくと考えられます。

事例では、昼食前後の一連の行動に自分から取りくめるよう、ゆったりとした時間の流れのなかで、子ども一人ひとりへのことばかけがなされていました。一人ひとりを生活の主体としながら集団生活をすすめていくには、時間の見とおしが重要なことがわかります。

「トラブル」をどう見るか

二歳児クラスの事例から

先述の二歳児クラスの子どもたちがパジャマに着がえて遊んでいる場面のできごとです。

《**事例Ⅲ**●Aくんと Bくんが赤いブロックを引きあって声をあげ、気づいた保育者が仲介に入ります。どちらが持っていたものかを二人に聞くと、それぞれが自分だと言います。近くにいたCちゃんによると、CちゃんがBくんに貸そうとして置いたものをAくんが取り、取りあいになったようです。保育者がAくんに「Bくんにいったん返そう。それから貸してと言おう」と提案します。AくんがBくんに返します。保育者がもうひと箱の

ブロックを出してくると、Ａくんはその中からブロックを取って使います。》

子ども同士のトラブルは、自他の要求に気づいたり、やりとりを学んだり、どうしたらいいかを考えたりする機会を含んでいます。トラブルに関わる保育者は、個々の子どもの要求をことばにしてくみとったり、子どもが自分のことばで表現できるよう励ましたりします。自分の要求を表現してわかってもらえたことで、子どもは落ち着きます。自分が尊重されていることを感じるからです。また、同じ場にいてそれぞれが要求を出しあうことで、相手の要求を聞くことになります。こうした機会は、自分の主張をするだけではない心の動きにつながります。保育者が解決策を提案したからといって、すぐに受けいれられるとはかぎりませんが、子どもが自分の主張を超えた選択をする可能性を生みだします。

保育者によれば、このクラスではこうした状況で相手を押したりすることはほとんどないそうです。保育では、「一人ひとりが自分の思いを出せること」を大事にし、自分を出せる子だけの対応に終わらせず、自分の思いを出せない子も出せるようにしてきたそうです。また、おもちゃ類は十分に用意し、ブロックであればときにはほかのクラスからも借りてきて、「一人でいっぱい使って大きいのをつくりたい」という子どもの思いをかなえられるようにしてきました。十分に使えるから、子どもたちは満足して、貸し借りができるようになっていき、「あとで貸して」「待ってるから」「わかった」などの会話が聞かれると言います。このように、複数の子どもが同時に一つのものを使いたいという要求で対立したとしても、トラブルに発展するとはかぎりません。子ども同士のやりとりで順番に使うこともできるようになります。こうした姿にはトラブルをとおして学んだこともあるのでしょうが、保育者が子どもの要求を大事にし、それを実現できるようにしてきたことが大きく関わっていると思われます。遊びに満足できているから、貸すこともできるのです。

子どもの要求がかなわずにトラブルになっている場合、順番に使うことだけが解決策ではありません。おもちゃを十分に用意するなど、保育の環境を整えることも重要な対応です。子どもは自分の要求をもち、実現することをとおして育っていきます。そのことが大事にされるとき、まわりに目を向けて、要求を調整したりより豊かにしたりできるのです。

三歳児クラスの事例から

次にあげるのは、三歳児クラスの一月のようすです。

《**事例Ⅳ●**保育者がままごと用の皿やザルを出すとDくんが抱えこみ、他児がそれを取ろうとします。保育者が「Dくんが分けてくれるから」と言うと、Dくんは「二個ずつ」と言って次々と他児に渡します。二個残ると「二個だけなんだけど分ける?」と、他児に渡し、自分のものを確保することよりも友だちに分けてあげることを選んだようです。

次は、ままごとコーナーで遊んでいる二人の子どものやりとりです。一方の子どもが他方の子どもに「よごすから」とエプロンをするように言いますが、言われたほうは「よごさない」と言ってエプロンをすることを拒みます。ゴムひものついた布を首からさげる形のエプロンです。ちいさい子どもがするものと思ったのでしょうか、遊びとはいえ、大きくなった自分への誇りがそのままでているようです。》

保育者のひとことで、Dくんは友だちに遊具を配りはじめます。みんなで使うものだとわかっていても、とっさに抱えこんでしまったのでしょう。保育者はそれを禁止するのではなく、自分から他児に差しだせるよう働きかけています。Dくんは「分ける」という役割を誇らしく感じているようです。二つ目のエピソードでは、子どもたちはいっしょに遊ぼうとしているのにお互いのイメージを調整できずにいます。ごっこ遊びのなかでの会話のように見えて、実は現実の自分がエプロンをすることを拒否していると思われます。

この二つのエピソードには、三歳児クラスの子どもたちの自我の育ちが現れています。泣いたり、つかみあいになったりで、保育者が介入する場面もある三歳児クラスですが、子どもたちはモノや場所を力ずくで取りあっているだけではありません。そこに自分への誇りがどのように関わっているのかを見ながら、次の行動を選びとっていけるように援助していくことが大切です。

自我の育ちを支える連携

特定の保育者を求める姿はその保育者への信頼の現れとはいえ、関わりを断られることが続くとつらくなることがあります。一方、求められる側も、そういう子が多ければ大変さを感じることもあるでしょう。子どもの今を受けとめて保育者同士がどう協力しあうのか、また、これからの遊びと生活のなかでどう信頼関係を広げていくのかについて話しあうことが、お互いの保育を支え、子どもに安心感のある生活を保障することになります。

活動の切り替えに関しても、子どもの現状をどうとらえ、どう育ってほしいのかを保育者同士で共通の認識にすることが大切です。一人ひとりの切り替えを援助しながら、子どもたち全員の安全を確保しつつ集団生活をすすめていくためには、保育者間のコミュニケーションと連携が不可欠です。事前の話しあいに基づく役割分担と状況に応じた柔軟な対応があってこそ、こうした保育が可能になるのだと考えます。

トラブルの場面では、子どもの要求と伝えあい、自分への誇りを尊重した関わりを大事にしたいと思います。こうした方針を確認して対応することで、子どもは聞いてもらえるという安心感をもって自分の要求を表現し、他児のことばを聞き、どうしたらいいかをいっしょに考えようとするようになるでしょう。

子ども同士がことばで伝えあえるようになると、力ずくの行動は減っていくと考えられますが、二歳児でも三歳児でも「かみつき」の見られるクラスがあります。[*2]「かみつき」が起きてしまったときには保護者への真摯な謝罪と報告が求められますが、「かみつき」が起きないような楽しい生活と子ども同士の関係を築いていくことが基本です。またこの時期の自我の育ちと子育て・保育で大切にしたいことを共通認識にできるよう、日ごろから子どもの姿や保育の取りくみを保護者に伝えていくことが大切です。

*1 『子どもの発達と診断４ 幼児期Ⅱ』田中昌人・田中杉恵 大月書店 １９８６年 24ページ
*2 『「かみつき」をなくすために』西川由紀子・射場美恵子 かもがわ出版 ２００４年 54ページ

2歳児…………

「ジブンデ！」を大事にしながらぶつかりあって

栃木・陽だまり保育園
横澤佐和子／吉田麻美子

陽だまり保育園はのどかな田園地帯にあります。ゼロ歳児から五歳児まで定員四五人で、七時から二〇時まで保育しています。

二歳児クラス若葉組は、進級できた喜びにあふれる五名の子どもと、持ちあがり保育士一名、そこに集団生活初の新入園児五名と新任保育士一名が加わりスタートしました。

新年度を迎えるにあたり、保育士同士で話しあいを重ね、確認したことがあります。それは、子ども一人ひとりが充実した日々を過ごすことができてこそ、一人ひとりがつながり、なかまへの思いがふくらんでいくということです。そのためには「若葉組」という全体をひとまとめにするような保育ではなく、まずは一人ひとりが充実できる保育をすること、二歳になって大きく芽生えた「ジブンデ！」の気持ちを大切にすること、家庭との連携を密にしていくこと、を大切にしながら保育に取りくんでいくことにしました。

もっと自信をつけたい子どもたち

「ミテミテ！」「すごいでしょ！」が全開の一〇人。今の自分も大好き、だけどもっとかっこよくなりたい！　という思いを強くもっている子どもたちは、幼児さんへのあこがれがいつも心のなかにあり、幼児さんがやることはなんにでも飛びついてまねをします。まるで、からだから「ジブンデ！」の思いがあふれでているようでした。

また、「二歳児だけどできることはたくさんある！」と信じていた子どもたちと私たち保育士は、夏のプールそうじやリズムまえのイスの準備などにも積極的に参加しました。「若葉さん、ありがとね」と言われるとうれしくてたまらない子どもたち。完璧にできなくたって、やった気になることが子どもを成長させる！　そんなことを感じる日々でした。

あさがお大作戦

自我が芽生えはじめる二歳児期には、唯我独尊の三歳児、自分自身を振りかえる四歳児へと成長するまえに、自我を十分ふくらませ、子ども自身が「大きくなった」と感じられることが大切です。子どもたちをいかにやった気にさせてあげられるかをポイントに、日日の保育を展開させていくことにしました。

そこで考えたのが「あさがお大作戦」。前年度に子どもたちが取っておいた種をまいて、保育園中をあさがおでいっぱいにしようと動きだしました。

子どもたちは、春の種まきでは加減のむずかしさを学びました。毎日の水やりや草むしりでは、よりよい方法があることに自分たちで気づき、行動する姿がありました。葉の大きさ、形の違い、土の乾きにも目や心を配るようになり、あさがおに関することはすべて自分たちで考え、自分たちの手で行っていきました。そして、芽が出たこと、花が咲いたことの発見に大騒ぎ！

これこそが、保育のなかで私たちが一番意識していたことでした。何ごとにも立派なことばはいらないし、必ずしもものごとすべてに正解があるわけではありません。担任がアクションを起こし、考えるきっかけをつくることもありましたが、子どもたち一人ひとりが自分なりに精いっぱい心とからだを使いながら取りくみました。

あさがおの開花を迎えた初夏。「色水遊びをしようかな」と思う担任の思いとは裏腹に、子どもたちはやっと咲いた花を摘むことに抵抗しました。でも、クラスみんなで話しあっていくうちに、「大事な花だから大切に使おう！」ということになり、あさがおで押し花やうちわをつくりました。運動会では、あさがおの汁や押し花を使ってふしぎな力がわいてくるパワパワバンドやゴールテープをつくったり、保護者があさがおのつるをイメージして編んでくれた縄を登っていく障害物遊びをするなど、子どもたちはあさがおの命の種となり、咲きほこったのでした。

約半年間、常に子どもたちの心にあったあさがおは、親子の間でも話題になっていたそうです。「愛着」ということばで言ったら簡単ですが、子どもたちが主体的に参加することで、一つの花からいろいろな気持ちをもらえた活動でした。

ぼくらはみーんなで14ひき家族

一歳児クラスの後半から、生活再現遊びを楽しむようになってきました。そこで、みたて・つもり遊びを充実させようと、『14ひきシリーズ』（いわむらかずお作　童心社）を教材の一つに選びました。この絵本の世界には草花・虫・風景など実生活と重なるところがたくさんあるので、子どもたちにもわかりやすく、楽しめると思ったからです。

春には、絵本のなかから「オンナジ」を見つけることを楽しみました。夏には、どろんこ遊びで汚したどろパンツを洗いながら、「14ひきのせんたくごっこ」。秋には、むかご取りの帰り道、おみやげに持っていた里いもの茎に自分たちの帽子をかけてねずみになりきりました。冬になると、「ねずみくんに会いたい！」という思いがあふれだし、部屋のちいさな穴や植えこみをのぞいては「いた！」「見つけた！」。どろだんごをプレゼントしたら、次の日までには食べてあり……子どもたちのちいさな胸の高鳴りが増していくようになりました。

実は、14ひきシリーズの舞台となっている町が、園から車で一時間ほど行ったところにあります。そこの山奥には、いわむらかずお絵本の丘美術館があるのですが、そこを「ねずみくんのお家」と称して、「あと一〇回寝たらねずみくんのお家へ行こう」と伝えると、飛んで跳ねて笑いがとまらない子どもたちでした。窓ガラスにカウントダウン表をつくり、その日までずっと表とにらめっこ。そして運命の日を迎えたのです。

ねずみくんのお家に着くと、みんなで「ろっくーん、さっちゃーん！」と探しましたが、あいにくねずみくんたちはお出かけをしているようす。「また遊びに来るね」と言ってそれぞれが用意したおみやげ（どんぐりや、お風呂で使うまきにと持ってきた木の枝）を大きな木の根元に置いてきたのでした。

この活動をとおして二つの大きな収穫がありました。

一つは、二歳児でも絵本の世界をこんなにも楽しめるのだとわかったことです。画面いっぱいに広がる絵本。子どもたちは、読み手の保育士がまったく気づかないこまかいところにまで気づき、いろんな情報を読みとっていました。絵本の奥深さ、偉大さを子どもたちをとおして改めて知ることができました。

もう一つの収穫は、家族ぐるみで楽しみを共有できたことです。ねずみくんたちに会いに行くため、若葉組だけにお弁当の協力をお願いしたところ、ねずみおにぎりの入ったねずみ弁当をつくってくれた保護者もいました。また、子どもの話だけを頼りに休日、山へ出かけるなど新たなやりとりを展開させた家庭もあり、ねずみくんの世界を保護者のみなさんもともに楽しんでくれました。

スペシャルな誕生会

陽だまり保育園の誕生日パーティは、その子が生まれたその日に、全園児でお祝いします。クラスでは、その子にとってスペシャルな日となるように計画を立てます。

幼児組になると、ろうそくをフーッとするケーキを自分たちでつくるのですが、「幼児さんとオナジ！」と思いこんでいる若葉組も、幼児さんと同じように自分たちで誕生日の準備をすることにしました。

「誕生日には、みんなとこんなことをしたい」「こんなケーキでフーしたい」という思いをふくらませていく子どもたち。作戦会議が大好きな若葉組は、一人ひとりの思いをかなえるために、誰かの誕生日が近づいてくると数日まえから動きだします。

そこにはいつもワクワクがつまっていました。消防車が大好きな子の誕生日には消防署へ行ったり、「みんなで魚釣りをしたい」と思っていた子の誕生日には釣りざおを持って近くの川へ行き、魚釣りをしたりしました。ケーキも、収穫した梨で梨ゼリーをつくったり、拾いあつめた栗で栗ごはんケーキをつくったり。「ふりかけごはんでフーしたい！」という子のために、二キロ離れたスーパーまで歩いて買いものに行って、手づくりふりかけをつくったこともあります。

おとながすべて用意する誕生会ではなく、誕生日を迎える子が最も輝けるためにおとなも子どもも力と知恵を出しあう、そんな誕生日を一人ひとりが迎えられたと思います。子どもたちが大好きななかまと誕生日を祝いあえる喜びと、「大きくなった！」という自信に満ちていた姿が印象的でした。

ぶつかりあいからなかまとの絆へ

集団としての結束も深まる三歳児へ向けて、二歳児の保育で大切にしてきたことがあります。一つは、一人ひとりの充実した生活を保障しながら、なかまと「楽しい」「おもしろい」をいっぱい感じあう一年にすること。そしてもう一つは、ぶつかりあいを保障することです。

「大好き！」が生まれ育まれるまでには、必ずぶつかりあいがあると思います。でも、遠慮なく自分を主張できるのも大好きななかまだから。ぶつかりあったから、もっともっと大好きがあふれでてくると思うのです。また、子どもの世界にはおとながどんなにがんばっても与えてあげられないものがあると思いますが、ぶつかりあいもその一つだと思います。だから、ぶつかりあえるなかまづくりを大切にしたいと思ったのです。

大好きなゆえに気持ちが伝わらないと怒りに変わってしまうなど、いろいろなぶつかりあいがありました。しかし、ぶつかりあいを重ねていくうちに、朝、誰かがいないと「〇〇は？」「〇〇はお熱でお休みなんだって」というように、なかまの存在を気にかけるようになったのです。また、ぶつかりあいが起こればどこからでも「どうした？　どうした？」と飛んできて、「〇〇だったの？」と聞くなど、なかまの気持ちに寄りそう機会がどんどんふえていくようになりました。

欲ばりな二歳児と向きあった一年

保育がむずかしい二歳児と言われますが、それは「もっと大きくなりたい！」「もっとかっこよくなりたい！」と日々願っている欲ばりな子どもたちだからだと思います。

私たち保育士はこの一年、複数担任ということもあり、保育のなかで共通認識をもつことを最重要課題とし、話しあいを重ねながら保育をしてきました。生まれも育ちもキャラクターもまったく違う人間同士ですが、保育のなかで決してゆるがない「芯」を共有することで、より保育に幅をもたせることができると思ったからです。

そして、一人ひとりが自我を十分にふくらませきることにとことん付きあうことを保育の芯にしながら取りくんできた結果、いつだって全員全力で怒って泣いて、笑いころげた一年間を過ごすことができました。

この一年をとおして私たちが見出した方程式、それは「笑い×ぶつかりあい÷自我＝大好きななかまとの日々」です。二歳児若葉組、ありがとう！

痛いの？
パワパワバンドの力
あげるね

2歳児…………

一人ひとりの思い、その子らしさを大切に

埼玉・たけのこ保育園
山中芙夏沙

埼玉県の自然豊かな観光地、長瀞町にあるたけのこ保育園は、定員四五名のちいさな保育園で、保育時間は七時三〇分から一九時までです。

徒歩三分ほどのところに荒川が流れ、まわりは子どもたちが「てんぐ山」「じじばば山」と名づけて親しんでいる山々に囲まれています。人口八二〇〇人のちいさな町で、お散歩先で畑仕事をしている方から野菜をいただいたり、温かい声をかけてもらったり、地域の

みなさんに見守られながら生活している子どもたちです。

その子らしさを大切に

私が、子どもたちといっしょに生活し保育するうえで一番大切にしていることは、「一人ひとりの子どもたちがその子らしくのびのびと成長していくこと」です。その子自身が、その子らしく自分を目いっぱい出して生活できなければ、本当の意味での「のびのびとした成長」ではないように思えるからです。

二歳児組は、子ども一四人と担任三人（正職二人、半日パート一人）です。「自分」を思いきり出す二歳児。のびのびと思うぞんぶん自分を出して、その子らしく成長してもらいたい、そんな思いで保育してきました。

ここでは、Ａちゃんの保育のようすをあげながら、二歳児の保育実践をお話ししたいと思います。

Ａちゃんとの出あい

四月。保健師さんの紹介で入園したＡちゃん。おとなに見せるかわいらしい笑顔と、ひかえ目の声で話す姿が印象的でした。子育ての援助が必要ということもあり、入園当時は基本的な生活が身についていないようすでした。おとなに対してはとても人なつっこいのですが、同年齢の子との関わりはあまり見られませんでした。また、毎日保育園に登園することがむずかしく、一週間のうち半分以上は休む日が続きました。

人との関わりがあまりなかった今までのＡちゃん。入園した当時は主に一人遊びをしていましたが、ほかの子がシャベルで山をつくっていると「Aも！」と言って自分も同じシャベルを持ってきて山をつくったり、おだんご屋さんごっこをしているみんなのなかに入っていったり、いっしょに遊ぶようになりました。

しかしこのころから、「これAの！」と言って友だちの持っているものを強引に奪おうとする姿が見られ、トラブルも多く起こるようになりました。

こわがられるようになったAちゃん

ほかの子よりもからだが大きく、力が強いAちゃん。プール遊びのとき、いっしょに入っている子の頭を水中に押して沈ませたり、散歩先でクラスの子を次々と突きたおしていったり、ゼロ・一歳児クラスの子を押したおしたり、寝ている子のまぶたを押したり。かたときもAちゃんから目を離せない状態が続きました。

そのつどていねいに対応するように心がけましたが、それがAちゃんのなかでなかなか体験として積みかさならず、同じようなトラブルを繰りかえしていました。

そのようななか、Aちゃんが近づいていくだけで、「いや！　来ないで」「まぜない！」「手つながない！」と、クラスの子どもたちや一歳児クラスの子どもたちが、Aちゃんを避けるようになってきたのです。また、保護者から「うちの子が、家で『Aがこわい』って言うんです」と相談されることもありました。

職員みんなで話しあいを重ねて

入園によって、Aちゃんは基本的な生活習慣が身についてきたと思います。でも、Aちゃんの発達段階を見きわめながら、今、何を大切に保育していくべきなのか、そして、クラスの子どもたちとどうつなげていけばいいのかを、もういちど考える必要がありました。

そのため、職員会議や休憩時間を利用して、まめにほかのクラスの職員とAちゃんの情報交換を行い、職員全体の話しあいを繰りかえしながら対応しました。

そして、次のことを大切にしながら、日々の保育をしていきました。

・トラブルのとき、Aちゃんが理解できるようにゆっくりと、具体的に話すこと。
・Aちゃんの行動やことばにこまかく気を配り、どういう気持ちからこの行動をとったのか理解してあげること。
・ほかの子どもたちの気持ちも大切にするため、トラブルのとき、それぞれの気持ちを理解し代弁してあげること。
・Aちゃんへの注意が多くなると、子どもたちがAちゃんを避ける気持ちが強くなってしまうので、いいところをたくさん見つけてみんなに伝えること。
・Aちゃんの母親や祖母と連絡を密にし、園でのようすなどもていねいに話していき、Aちゃんを毎日保育園に連れてきてもらえるようにすること。

また、Aちゃんに関する相談のあった保護者に対しては、Aちゃんをどのように保育しているか、子ども同士の関わりのようすなどをていねいに話しました。同時に、保育内容を見なおし、（Aちゃんを含めた）月齢の大きい組とちいさい組に分けて行く散歩をふやすなど、その日その日のクラス全体のようすを見ながら保育の内容を考えていきました。

友だちとつながりはじめたAちゃん

運動会ごろから、少しずつAちゃんに変化が見られるようになりました。「手をつなごう」「いっしょにやろう」と、ことばで自分から友だちを誘うようになり、断られるとくやしくて泣きそうな表情をするようになったのです。

けんかもできるようになり、「いやだよ！　痛いよ！」と怒り、気持ちのぶつけあいをする場面もふえてきました。「どうしたの？」と聞くと、「だって、手をつないでくれなかった」とそのときの気持ちを伝えてくれるのです。表情も豊かになって、友だちとの会話も楽しそうになってきました。

そして、クラスの子どもたちの姿にも変化が見られるようになりました。「Aちゃん来ないで！」というようなAちゃんを避ける姿が徐々に少なくなってきたのです。

自然にAちゃんを受けいれ、数人で追いかけっこをするようすや、Aちゃんが休みの日、「Aは？」と、Aちゃんのことを気にかけたりする姿がありました。

Aちゃんはクリスマスのときに休んだのですが、みんなでケーキを食べているとき、「A、おいしいの食べられないね。とっておいてあげようか」という声。Aちゃんに対して友だちとしてのあたたかい気持ちをもってくれるようになったのを感じました。

こうした子どもたちの変化とともに、保護者の方々からの相談も少なくなりました。

Aちゃんだけではなく、ほかの子どもたちもAちゃんがいる一四人のなかまのなかで成長していることを再確認し、一人ひとりのなかまの大切さを感じました。

大切にしたい保護者との関係づくり

「なかまの大切さ」のほかにも再確認したことがあります。それは、「保護者の理解と職員の連携の大切さ」です。この二つは、Aちゃんの場合だけではなく、子どもたちを保育するうえでとても大切な土台だと感じています。

私は特に、保護者との関係づくりを考えてきました。

「気になる子」がいたとき、家族との関係がとりわけ大切になってくるように思います。保護者の方がどのような家庭・生活状況のなかで、どのような思いで子育てをしているのかを理解し、寄りそうことはもちろん、園でのその子のようすを伝える伝え方・話すタイミングも大切だと思っています。子どもの思いや、担任の思いを伝えるだけではなく、同時に保護者の気持ちも大切にしたいのです。

信頼関係があってこそ、子どもについて真剣に向きあえるのです。朝の受けいれ・夕方のお迎えのときや行事などでの会話の一つひとつを大切にしながら、少しずつ信頼関係を築いていく努力をしました。何より、子どもが保育園・担任・友だちが大好きで、園で楽しく過ごしている姿を見てもらうことが、信頼につながると思っています。

私の思いが子どもの負担になることも

Aちゃんの場合、私自身が「どんな姿もそれがAちゃん」と受けいれていたからこそ、Aちゃんとクラスの子どもたちはその子らしく二歳の時期を過ごしてきたのだと思っています。しかし、私の「一人ひとりのその子らしさを大切にする保育」という思いが、逆にその子が自分らしくいることをできなくさせてしまったこともありました。

自己主張ゆえの気持ちのぶつかりあいではなく、友だちに当たりちらさなければいられないほどのイライラとさびしさを抱いていたCちゃん。私は、Cちゃんに何をしてあげられるかを考えながら、Cちゃんのことをとても気にかけて保育をしていました。しかし私は、こうして常に自分のことを心配している保育者の気持ちを感じとったCちゃんが、そのせいで、ありのままの自分を出せなくなってしまっていることに気づいたのです。

再確認させられたのは、大切なことはどう保育するかではなく、どれだけいっしょに汗を流して笑って遊び、同じ目線で見たり、聞いたり、感じたりするかだということ。そして、その子の思いを大切にするということです。「どんな姿も好きだよ！」というその気持ちが心からのものではなかったら、大好きな担任との信頼関係は結べず、友だちへと広がっていかないのです。

思いきり自分を出しながら、友だちと結びついていく二歳児。一人の楽しいから、二人、三人の楽しいに広がっていこうとする時期です。一人ひとりが満たされれば、なかまとして結びついていく——。そのことを実感させられた一年でした。

のびのび生活できる環境を

現在、三歳児クラスの担任です。子どもたちと「楽しかったねー」と夢中になっているうちに一日が過ぎていく毎日です。

なかま・園・家庭、そして保育士自身がその子を取りまく大切な環境です。すべてが相互に関係して結びつき、そこで初めて、その子がその子らしくのびのびと生活できる環境が整うのではないかと思います。

　少しでも気持ちよく、のびのびと笑顔で成長していけるように、一人ひとりの子どもたちにこまやかに、そして、謙虚に向きあい、保育していきたいと思っています。

園庭の土山の
すべり台で遊ぶ
子どもたち

お昼寝のあと、
ゴザの中で
かくれんぼ

3歳児…………

むずかしそうだけど友だちみたいにやってみたい！

香川・こぶし中央保育園
吉田　恵

こぶし中央保育園は、産休明けから就学前の子どもたちが通う定員九〇人の保育園、保育時間は七時から一九時です。なかまのなかでその年齢にふさわしい育ちあいができるようにと年齢別保育の形をとっていますが、朝夕はいろんなクラスの子どもたちが園庭に集まって、交流しながら遊んでいます。園庭に面した一階に乳児クラス、通称「下クラス」があり、二階に幼児クラスの「上クラス」があります。

春のこぶた組

三歳児こぶた組は、「上クラスになった！」とウキウキしている子どもたち二〇人（女の子一〇人、男の子一〇人〈ダウン症のKくんを含む〉）と、初めての上クラス担任でワクワクしている保育者一人、午前中パートの保育者一人でスタートしました。

クラス全体が活気づいて進級した反面、友だちと関わりたいのだけど素直になれずちょっかいを出す、気にくわないことがあるとかんしゃくを起こす、見とおしがもちづらくフラフラするなど、子どもたちの気になる姿も見えかくれしていました。そして五月には、ダウン症のKくんもなかま入り。一人ひとりを大切にした遊び、生活、集団づくりが求められているなと感じました。

こぶた組の子どもたちは、保育者扮するオオカミやコチョコチョマンなど（子どもたちにとっての対立物）とやりとりしたり、スキンシップをする「追いかけかくれ遊び」が大好きでした。このような遊びのなかではふしぎなくらいトラブルも少なく、みんながワイワイ集まって気持ちよく関わりあうことができました。

そんな姿を見て、この一年間、心とからだを目いっぱい動かして、みんなでドキドキワクワクしながら、「おもっしょい！」「くやしい！」「やったー！」などさまざまな感情を発散させて、共感しあえるような遊びをしていきたいと思いました。

カエルになって鉄棒やとび箱に挑む！

こぶた組の子どもたちは生きものが大好きでした。そこで夏、おたまじゃくしがカエルになるまでの成長過程を見ながら、クラスで育てることにしました。それをきっかけに、カエルが出てくる話に夢中になり、なかでも、ドラマチックなストーリー展開のある『おたまじゃくしの101ちゃん』は、みんなの大好きなお話になりました。そしてカエルやおたまじゃくしの敵として登場してくるザリガニ親分は、子どもたちのなかで、ちょっとこわいけれど、なんだか好奇心をくすぐる魅力的な存在になっていきました。

ザリガニ親分との対決

ある日のプール遊びのとき。赤い水泳帽に角を生やした保育者が侵入してくると、みんなは「ザリガニ親分だー！」と大騒ぎ。その日から、カエルに変身した子どもたちと、保育者扮するザリガニ親分との対決ごっこが始まりました。プールの中で追いかけっこをしたり、すもう対決をしたりと、水しぶきをあげて大はしゃぎでした。

この対決は、運動会が近づくころにはさらにヒートアップ。それまで担任が扮していたザリガニ親分は一歳児クラスの男性保育士、藤本先生に託されました。藤本先生がザリガニ親分に変身して一歳児クラスを抜けるときは、主任やゼロ歳児クラスの先生が一歳児クラスに入ってくれるなど、まさに職員間の連携があっての取りくみでした。

藤本ザリガニ親分は本格的で、全身真っ赤なザリガニウエアーに身を包んでいて迫力満点！　でも、どこかひょうきんで憎めないザリガニ親分に、子どもたちは大興奮です。すもう対決、つなひき対決などなんども対決を繰りかえしますが、なかなか勝負がつきません。ザリガニ親分に「おれさまに勝ちたきゃ、修行してもっと強いカエルにならなきゃな」と、捨てゼリフをはかれた子どもたち。「ザリガニ親分なんかに負けないぞ！」と、みんなで強いカエルになるための修行として、鉄棒やとび箱に挑戦していくことになりました。

保育者としては、「足ぬきまわりで全身の動きをコントロールする力をつけてほしい」とか、「とび箱で跳びつく腕の力をつけてほしい」とか、「何より一人ひとりのがんばりや成長に気づいてほしい。そして友だちのがんばっている姿を見て、自分もやってみよう！とチャレンジャーになってほしい」というねらいがあったのですが、子どもたちは、ザリガニ親分との対決をめざして、ワクワクしながら鉄棒やとび箱に向かっていました。

先生、ゆっくりでいいんやろ？

日を重ねるごとに足ぬきまわりを自分のものにしていく子どもたち。しかしなかには、からだの使い方がわからなかったり、自信をなくして鉄棒から離れていく子どもたちの姿もありました。なかなかうまくいかずに、「もうせん」と言いながらも、かっこよく足ぬきまわりを決める友だちの姿に、「○○ちゃんみたいにやりたい！」と要求をふくらませていることが手にとるようにわかりました。

TくんとHちゃんはだいぶ力をつけていたのですが、手がすべって失敗したことがきっかけで自信をなくしかけていました。保育者が手を握ってサポートしていると、Hちゃんがぽつりと「先生、ゆっくりでいいんやろ？」と言いました。「そうだよ！　ゆっくりでいいんで」と答えつつ、私は、そのひとことにハッとさせられていました。Hちゃんに大切なことを教えられた気がしました。そしてその日、Hちゃんは自分のペースで慎重にまわり、みごとに一人で足ぬきまわりができるようになったのです。

それを近くで見ていたTくんにも、私は「ゆっくりでいいんで」と声をかけました。するとTくんは、手にかいた汗をズボンでごしごし拭きながら、意を決したように鉄棒につかまりました。そしてみごと、自分の力で足ぬきまわりができたのです。うれしくてスキップしながら「一人でできたー！」とホール中をかけまわるTくん。

すでにできるようになっていた友だちも、「○○ちゃん。教えてあげる！　見よってよー。手をぎゅっと握って、こうやって足をかけるん」と、まだできない友だちに一生懸命教えてくれるようになりました。なんども挑戦してできるようになったとき、「○○ちゃんできたねえ！」といっしょに喜んでくれる友だちもいました。「もうせん」と言っていたSちゃんも、友だちが教えてくれるとやる気を取りもどして、再び鉄棒に向かい、なんども挑戦して、ついに運動会数日まえ、自分の力でまわれるようになりました。

日に日にたくましくなるKくん

ダウン症のKくんは「友だちみたいにやってみたい！」という思いを人一倍強くもっている子です。まず、みんなのように鉄棒にぶらさがるまねっこから始めました。それが楽しくなってくると、保育者が両端を持っている棒（通称「動く鉄棒」）にぶらさがり、下に置いてある障害物を越えるという「棒ぶらさがり移動」に挑戦しました。初めはなかなか足を持ちあげられず、腕に負担がかかりすぎるのではないかと心配になることもありましたが、作業療法士の先生からアドバイスをもらい、やっぱり今のKくんにぴったりの課題だとわかって安心して取りくむことができました。そして、ゴール地点で「Kくんがんばれ！　こっちこっちこっちー」と応援している友だちをめざして障害物を乗りこえられるようになり、とび箱を乗りこえていく姿は、日に日にたくましくなっていきました。

そして運動会当日。クラス全員のやるぞ！ の雰囲気は絶頂に達し、みごとにみんなが鉄棒の川、とび箱の山を乗りこえ、ザリガニ島に到着することができました。待ちに待ったザリガニ親分との対決でも、きたえぬかれたカエルのピョンピョン攻撃でみごと勝利することができました。一人ひとりが力を出しきったこともうれしかったし、みんなで力をあわせてザリガニ親分をやっつけられたこともうれしくて、クラス全員で「やったー」と飛びまわりながら、達成感を満喫していました。

一人ひとりの「できた！」がみんなの「やったー！」に

いろいろな弱さを抱えながら三歳児ならではの唯我独尊ぶりを発揮していた子どもたち。しかし、みんなで力を合わせてザリガニ親分に立ち向かっていくなかで、「みんなで強いカエルになるぞ！」という集団としての要求が生まれ、それが、本来一人ひとりのなかに潜んでいた「ちょっとむずかしいけど友だちみたいにやってみたい！」という要求をすくいあげてくれたように思います。

鉄棒やとび箱に向かって挑戦を繰りかえしているときは、どんなちいさな成長も見のがさずに「見て見て、○○ちゃん、きのうは先生が手伝ってまわったけど、きょうは一人でまわれたんで！」とみんなに伝えたり、お互いに見せあう場面を大切にしようと心がけました。どんなスモールステップでも、できるようになったことをなかまのなかで認められることで、次への意欲や自信につながるのだと思うし、それが自分自身の成長を振りかえるきっかけになり、友だちのがんばりや成長にも目が向く力になっていくのだと思います。

運動会に向けてみんなで「おもっしょいね！」「やったね！」という経験を積みかさねていくなかで、友だちへの信頼感が育って素直に友だちと関われるようになったり、自己主張のぶつかりあいだけでなく友だちのことにも目が向くようになるなど、たくさんの成長を見せてくれました。

「やっぱり、なかまっていいな！」そんなことをこぶた組の子どもたちから教えてもらいました。

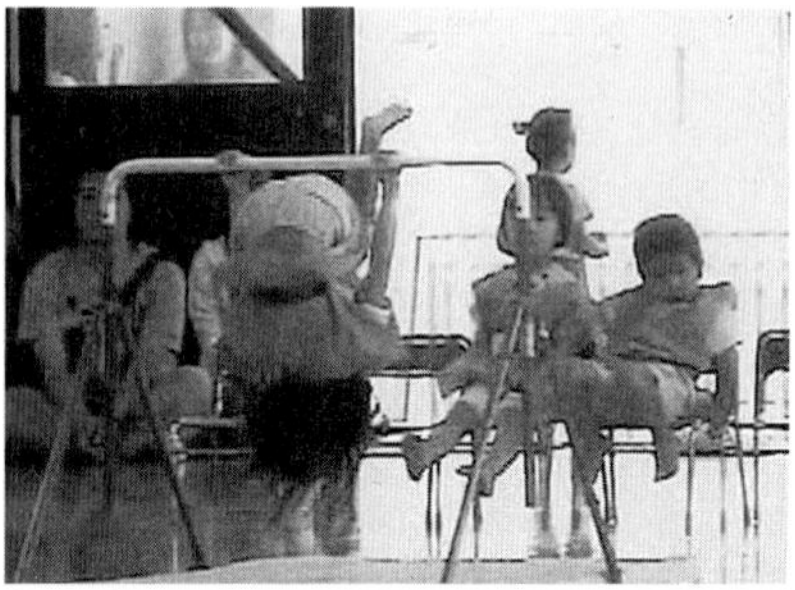

友だちみたいに！　となんども挑戦し、
できたてホヤホヤの足ぬきまわり。
見よってよー！

ウォッチ
高陽なかよし保育園

りんご組 2歳児

あかちゃんあつかいはいやだ! 自分のことは自分でするの!

とはりきって
自分でしようとするが
人前だとはずかしい、
できないかもという不安が
少しずつでてくる。

2歳児の部屋では
思いきりリズムをするのに
人がたくさんいるホールでは
できない!

うみ組 3歳児

揺れる心

お兄ちゃん、お姉ちゃんだぞ!の毎日
でも、おや? ときどき、
あかちゃんになっちゃう。

乱暴したり泣きくずれることも

くやしいとか、
しまったと
思ったとき。
いつもいっしょに
遊んでいる友だちが
違う子と遊んでいたり
しっぽとりで、しっぽが
とられそうなとき。

ことば・コミュニケーションの発達と援助

らく相談室
山崎祥子

発達と生活・遊び

認識の広がり

自我の育ち

ことば

やまさき　さちこ
言語聴覚士。らく相談室を池添素氏と主宰。
乳幼児から高齢者までのコミュニケーション障害の
相談指導を行っている。
著書に
『じょうずに食べる―食べさせる』（芽ばえ社）
共著に
『新版子どもの障害と医療』（全国障害者問題研究会出版部）
など

ことばを獲得する力は生まれつきのものだと考えられていた時代もありますが、現代では、さまざまな研究の成果から、ことばの獲得には、「健康な脳」「よい刺激にさらされていること」「ある時期までに獲得すること」という三つの条件が大事だと考えられるようになりました。「よい刺激」と「ある時期まで」の条件は、乳幼児期の信頼できるおとなとの相互交渉が大切なことを示唆しています。

こうした背景を踏まえながら、ことばやコミュニケーションの発達と、ことばの発達に遅れを抱えているお子さんへの援助について述べていきたいと思います。

ことばの発達を支えるコミュニケーションの発達

ことばの役割で一番大きいのは、人とのコミュニケーションでしょう。でも、ことばはなくてもコミュニケーションは成立させることができます。

ことばを獲得するまでを、前言語期と言います。まだことばを発することができない乳児は、表情・声・指さしなどを使って、いろいろなサインを出してくれるので、ことばはなくてもなんとかコミュニケーションは成立します。コミュニケーションは相互のやりとりですから、わかってあげるおとなの努力が必要であり、わかってもらえればこそまた伝えたい意欲がわきます。やがてことばを獲得しても、幼児期の言語能力ではことばだけですべてを伝えることはできませんから、表情・指さし・ジェスチャー・態度・発声など、あらゆる手段を駆使してコミュニケーションを成立させようとします。このコミュニケーション意欲やさまざまな手段を使用する力は、ことばを獲得するまえから発達し、ことばの獲得につながっていくのです。

ことばを獲得してコミュニケーションできるようになるのではなく、コミュニケーションの発達がことばの獲得の前提条件になります。

また、幼児期はおとなの支えがあって、コミュニケーションが成立します。たとえば、子どもの話は、家族で行った動物園のことらしいとわかると、担任の先生は、「誰と行ったの？」「どこに行ったの」「キリンさんは見たの？」と丹念に聞きだしていき、キャッチボールのように会話的関係をつくります。そして、最後には、「ふーん、お母さんとお父さんと三人でバスに乗って動物園に行ったんだね。楽しかったね」と話をまとめ、モデルを示します。このようなおとなの援助によって、コミュニケーションが成立し、ことばの力を育んでいきます。

幼児期の言語発達

では、ことばはどのように発達していくのでしょうか。ここでは、初語期以降の発達を見ていきましょう。

まず言語には、音声言語（聞いて理解することばと話しことば）と文字言語（読んで理解することばと書きことば）がありますが、どちらも、（聞いたり、読んだりして）理解できることが先行し、あとから（自分で）話したり書いたりして表現できるようになります。たとえば、「マンマ」ということばは九か月で理解されますが、言えるようになるのは一二か月、「バイバイ」は一〇か月で理解されますが、言えるようになるのは一六か月というように、そのことばを理解してから言えるようになるまでに三か月から半年かかっています（小倉の調査より、五〇％出現到達年齢）。

　ことば数のふえ方を見てみましょう。表は話しことばの発達を示したものです。一歳で話しはじめた子どもの最初の半年間、一歳半までの獲得語彙

ことばの発達

年齢	ことばの数	文の長さ	発音	
5歳	2000語			5歳
4歳半	1800語	4語文		
4歳	1600語		サ・ザ・ラ行 ツの音	4歳
3歳半	1200語			
3歳	900語	3語文	ハ・シャ・チャ行 シ・チの音	3歳
2歳半	450語			
2歳	300語	2語文	カ・ガ行など	2歳
1歳半	30語			
1歳	3語	1語文	タ・ダ・ナ行 パ・バ・マ行	1歳

（大熊他：1982）

数は三〇語ですが、次の半年の二歳までには三〇〇語に達しています。ことばの出はじめは語彙はゆっくりとしかふえませんが、話しはじめて半年以降に爆発的にふえる時期がくるのです。

この時期には、子どもの側から指をさして、「(これは)なに?」というように、モノの名前を聞いてきます。このような「これなあに?」という問いには、「ぞうさんよ」などと、名詞を使って答えることが多いでしょう。名詞がふえる時期です。

二歳半ごろになると、「どうして?」の連発です。おとなは「だって、大きいんだもん」「もう食べちゃったから」というように、形容詞や副詞、動詞を使って答えます。この時期の子どもたちは、いろいろな品詞を獲得していきます。

子どもになんども同じことを聞かれてうんざりすることもありますが、ことばを育てるいい機会なのです。名詞だけでなく、ほかの品詞も獲得して、「大きいぞうさん」「ぞうさんねんね」と文につなげていきます。文の長さはほぼ年齢と同じ数で、二歳は二語文、三歳は三語文というように獲得していきます。

発音も、はじめから正確には音をつくりだせません。サ行やザ行、「ツ」のような音群は獲得が遅く、偶然に言えることがあっても、ことばのなかで安定して使えるのは四、五歳になってからです。たとえば、「せんせい」ということばも、二歳なら「テンテイ」、やがて「チェンチェイ」「シェンシェイ」「センセイ」と発達していきます。もちろん個人差があり、早い場合も遅い場合もあります。

また、音はつくりだせるけれど、音の並びや音がぬける場合もあります。「こっぷ」を「ポック」「オップ」「ポップ」などと言ったり、「つめきり」が「ツミキリ」になったりします。一音ずつなら言えるけれど、単語では言えないのです。どの子にもよく見られることですが、ある限られたことばだけうまく言えない場合は心配いりません。四、五歳になれば、だいたい正確に言えるようになります。

幼児期に見られる主な言語障害

幼児期のことばの相談で多いのは、言語発達障害（ことばの遅れ）、吃音（ことばがスムーズに言えない）、構音障害（発音の未熟や異常）です。状態と対応について述べていきます。

ことばの遅れ●ことば数が少ない、文につながらないなど、ことばの発達が年齢やほかの発達に比べて遅い状態を示す「言語発達障害」です。聴力障害のように原因となる病気や障害が明らかな場合もありますが、知的障害や自閉症を中心とする広汎性発達障害など、発達の遅れやアンバランスが原因となる場合もあります。そのほか、虐待などのように環境によって起きることばの遅れや、発達の個人差と考えられる遅れもあります。いずれの場合も、ことばを教えこむのではなく、生活や遊びのなかで言語発達をうながすことと、その子がもっている力のままでコミュニケーションを成立させる対応が必要です。言えることばより、理解できることばを育てることが大切です。

吃音●どもるという障害です。幼児期には、まだ流暢に話すことはむずかしいので、ことばを繰りかえすなど、吃音と同じような症状を示す子どもはたくさんいると思います。幼児期に一般的に見られる非流暢は、「あのね、あのね……」「ぼく、ぼく、ぼくは、」のように単語を繰りかえす場合が多く、最初の音を繰りかえす「ぼ、ぼくはね、」でも、せいぜい繰りかえしは二、三回までです。しかし、吃音の場合は「ぼ、ぼ、ぼ、ぼ、ぼく」のように繰りかえしが多く、また、よくなったり悪くなったりしながら症状が進行します。「コップ」ということばを例にとると、はじめは、「コ・コ・コ・コップ」と繰りかえしていたのが、「コオープ」と引きのばすようになり、やがて「……コップ」と、最初の音がつまってでにくそうになっていきます。また、うまく言えないときに手があがってきたり、顔が真っ赤になったりなど、からだの症状もでやすくなります。

幼児期の吃音では、子どもを取りまく環境を調整することが大切です。たとえば、吃音の症状が強いときはおとなからの質問を控えたり、答えはイエス・ノーですむように工夫したり、指さしで伝えてもらうなど、話しづらい状況でもらくにコミュニケーションがとれるような工夫が大切です。また、うまく言えないことを気づかせる必要はなく、「ゆっくり言ってごらん」「落ち着いて言えば言えるよ」などの指示はしないで、おとなが最後まで聞く姿勢（たとえばおとなは座って目を見ておだやかにじっと待つなど）を見せるほうがいいでしょう。

発音の障害●聴覚障害、口蓋裂、脳性まひ、ダウン症のように、聴覚や、口腔・姿勢・運動に問題があるために発音が不明瞭になる場合があります。

しかし、明らかな理由が見当たらないにもかかわらず、クラスのほとんどの子どもたちがきれいに発音できるようになっているのに、特定の発音が獲得できない場合がありま す。ことばの発達の表でもわかるように、発音の発達は、獲得の早い音と遅い音があり、だいたい全体が正確になるには四、五歳までかかります。

わずかな不明瞭な発音でも、本人が気にしていたり、就学後の文字学習への影響が心配される場合は、幼児期の間に訓練をして、明瞭な発音の獲得をうながすことがあります。入学式の二日まえに私のところへ相談にやってきた、六歳の男の子がいました。保育園ではリーダー格で、ことばの遅れはまったくないのですが、「カラスカーカー」を「タラスターター」と発音していました。「待てばそのうちに」と保育所でも言われ、家族もそう思っていたそうです。「カ」は、通常は二、三歳で獲得する音ですから、訓練することにしました。このような明らかな原因がない場合は、機能性構音障害と言います。

発達が気になる子どもへの指導・援助

いろいろな子どもを保育している保育所は、障害や弱さを早期発見できる貴重な場です。でも保育者にとっては、子どもの発達に気になることがあっても、保護者にどう伝えたらいいのか悩むことが多いと思います。

言語障害は、ほかの障害同様、早期発見、早期対応が大切で、気になることがあれば、保護者と、子どもさんの発達について話せる関係をつくってほしいと思います。

「しっかりできているところもこんなにあるけど、この弱いところをこれからしっかり育てていきたいと思っている。より伸ばすためにも、専門家の意見も聞きたい。いっしょに相談機関へ行きましょう」というように、いいところも認め、気になるところが共有できるように、保護者の悩みや不安も受けとめながら、対応していただきたいと思います。

ただし、子どもの発達が気になりつつも、保護者の方が、「専門家のところへ行ってレッテルをはられたくない」と言う場合には、受けいれられない気持ちをそのまま受けとめてほしいと思います。園でできることはいっぱいあるはずですから、できることをしながら待ちましょう。

また、ことばの発達が気になる子どもへは、次の点に留意しながら、指導・援助を図っていってほしいと思います。

一つは、その子がもっているそのままの力でコミュニケーションを成立させることです。ことばの言いなおしや教えこみは、かえってよくありません。子どもに正しく言うことを無理強いせず、子どもが伝えようとしたことを理解しようとする姿勢こそが大切です。

ことば以外の方法も使いながらコミュニケーションを成立させ、言語発達の促進を図ることも大切です。子どもは、ことばで伝えられなくても、表情や態度などでいろいろなサインを出してきます。それを理解してあげると、子どものなかに、もっと先生とコミュニケーションしようという意欲がわき、ことばの発達にもつながります。

またおとなの側も、ことばとともに、表情、態度、指さし、実物の提示、実際にやって見せるなど、視覚情報をたっぷり使ってください。ことばにも表情がでるように、抑揚豊かに話し、子どもの言語発達に合わせて抽象的な語彙は避け、文が長すぎないように心がけてください。こちらから視線を合わせて、ゆっくり繰りかえし話してあげてください。「今は何をする時間かな?」より、「おもちゃ、片づけてね」と率直に言ったほうがわかりいいでしょう。クラス全体に指示をしたようなときは、そのあと、その子に直接ことばをかけることができるといいですね。

ことばはさまざまな発達に支えられて、一番あとから伸びてくるものです。ことばを育てるには、生活や遊びのなかで、信頼関係のとれる先生とコミュニケーションしていくことが、発達の土壌となります。

2歳児…………

行動と結びつけながらことばを獲得していく

埼玉・あかねの風保育園
長谷川あや

二〇〇七年四月に新設のあかねの風保育園。産休明けから就学前までの六〇人定員です。埼玉・所沢市の西部に位置し、茶畑、けやき林、原っぱ、雑木林に囲まれた、子どもたちにとっては絶好の環境にあります。

二歳児めろん組は、男の子八人、女の子五人の一三人で、担任二人のクラスです。

自分だけの世界からことばを獲得しながら他者を受けいれていく過程を、めろん組の子どもたちの関わりをとおして見ていきたいと思います。

少しずつ、ちいさな集団で遊べるように

二歳児クラスに新入園のMちゃん（一月生まれ）。入園当時は泣きが強かったのですが、少しずつ園にも慣れてきました。四月後半には、友だちの名前をおぼえようとしたり、自分から友だちとのコミュニケーションをとろうとして、自分の頭をペンとたたいて友だちと笑いあう場面などが、たくさん見られるようになりました。Mちゃんが自分の頭をたたくと、それを見た友だちもまねをして、笑いが広がっていきました。

散歩中にKくんがMちゃんの頭をたたいて泣かせてしまったとき、それを見ていたIくんは自分の頭をなんどもたたいてMちゃんにアピールしています。その姿を見たMちゃんは泣きやんで自分も頭をペンペン。笑いが起こって、Kくんもいっしょに三人で笑いながら頭ペンをしていました。たぶんIくんは、新入した当初に泣いてばかりいたMちゃんを心配して見ていたので、Mちゃんが楽しんでいる頭ペンに気づき、自分もやってみせたのではないかと思います。

このように、まず一人で好きな遊びを見つけることができるようになった子どもたちは、しだいに二、三人のちいさな集団でいっしょに遊べるようになっていきます。

ぶつかりあいをとおしてことばに変化

けんか・トラブル

人に興味がでてくると、人のものやおもちゃがとても気になり、「自分も使いたい」と、そのおもちゃを奪いにいきます。一方は、取られないように力いっぱいに引っぱります

が、取りにいったほうもすぐには放さず、使いたい一心で引っぱりつづけます。

そしてここで、たたいたり、つねったり、かみついたりが起きてしまいます。

「ねーんね」と人形に布をかけて寝かしつけるまねをして遊ぶSちゃん。Cちゃんも隣でSちゃんのまねをして子守唄を口ずさみながら人形を寝かしつけています。Sちゃんの人形をCちゃんが何も言わずに取ってしまいました。二人で引っぱりあいが続き、CちゃんがSちゃんの頭をたたいて、なんとか人形を自分のものにしようとしました。

保育者が子どもの気持ちを代弁

まず最初は、「○○が欲しかったんだよね」「貸してほしかったんだよね」と、おもちゃを取ってしまった子の気持ちを代弁します。それから、取られてしまった子には、「○○取られていやだったね」と、その子の気持ちを代弁しました。

たたく、かみつくなどが起きてしまったときは、「痛いよ」「たたかないでね」「かまないでね」「やめて」と、保育者がいっしょに、やられた子の気持ちをことばに変えて、伝える方法を教えていきました。

心がけたのは、子どもたちが相手の気持ちを知ることができるように、また自分の気持ちも相手に知ってもらうことができるように、保育者が仲立ちになって、そのとき子どもがとった行動を、わかりやすく代弁していくことです。

このように、子どもたち同士のぶつかりあいやけんかが起きたとき、保育者が子どもの気持ちを代弁して相手に伝えることをていねいに繰りかえしましたが、状況によっては、保育者がすぐには仲裁に入らず、ときには見守ることも大切にしました。

「貸して」だよ

同時に、自分が欲しいときに何も言わずに取ってしまうのではなく、「『貸して』だよ」、と、貸してほしい気持ちを相手に伝えるように教えていきました。

「貸して」と伝えたとき「いいよ」と言えた子には「えらいね、〇〇ちゃんに貸せたね」とほめて、保育者もいっしょに、貸してもらった子から貸してあげた子に「ありがとう」ということばを伝えるようにしました。

もう一つ大事にしたのは、いつ「貸して」と言ったらいいのか、そのタイミングを子どもたちに伝えることです。「今だよ。今言うと、お友だち、貸してくれるよ」というふうに、子どもの姿を見守りながら、ちょうどいいタイミングでいっしょに「かーしーてー」と伝えるのです。

「あとで貸してね」「終わったら貸してねー」

友だちが使っているおもちゃを自分も使いたいとき、繰りかえし保育者といっしょに相手に「貸して」と伝えているうちに、「貸して」と言われた子が、何回かに一回は「いいよ」と言えるようになっていきました。

このように貸し借りをとおして、友だちとの関係に心が向き、「自分の世界」から「友だちといっしょの世界」へと子どもたちの関心が広がっていきました。

さらに、少しずつ人を大切に思う気持ちが芽生えてきて、「今、貸して」ではなく、「あとで貸して」と、使っている子の気持ちを考え、相手を尊重しつつ自分の気持ちを伝えるように、ことばも変化していきました。「いいよ」ということばがたくさん聞かれるようになっていき、年が明けて一月中旬ごろ。絵本を読んでいるSちゃんに、「あとで貸してね。終わったら貸してね」と声をかけているTくん。電車で遊んでいるIくんに、「終ったら貸してー」と伝えるFくんの姿がありました。

同時に、だいぶことばが話せるようになってきて、手が出なくなっていきました。

好きな友だちができてきて

「○ちゃんはいいけど、△ちゃんはだめ」

自分の大好きな、お気にいりの友だちができてくると、「○ちゃんの隣でご飯を食べたい」「○ちゃんの隣で寝たい」というように、「○ちゃんの隣がいい！」ということばがでてきます。同時に、「○ちゃんはいいけど、△ちゃんはだめー」ということばもでてきます。

七月もなかばを過ぎたころ。カプラで遊びはじめたFくんが「Iくんはいいけど、Kくんはだめー」と声をかけています。「いいよー」と言われたIは、自分から「Iくんはいい？」と聞いています。

ある日、IくんとKくんが押入れの下で遊んでいるところへKaくんが来ました。すると二人は、「Kaくんはだめー。入っちゃだめー」と言い、Kaくんは泣いて悲しそうにしています。そこへAちゃんが来ました。すると二人は「Aちゃんはいいよー」と声をかけています。そこで保育者が「なんでKaくんはダメなの？」と聞くと、「だめだからだめー」という答え。「どうしたら入れてくれるの？」と聞くと、「だめだからいいよ」とIくん。Kaくんは自分の涙をぬぐい、一生懸命「おばけだぞー」と、おばけになりきっていいます。するとIくんとKくんは「いいよー」と、Kaくんをなかまに入れて、いっしょに遊びはじめました。

「だって、だって」

Iくんが絵本を見ているところにHくんが「見ちゃだめー」と、絵本を奪ってしまいました。「あれ？　今、Iくん見てたよ」と声をかけると、「だって、さっきぼくが見てたんだもん」と答えました。

「どうして、だめなの？」と理由をきくと、「だって○○だったんだもん」と、自分の気持ちを伝えます。「だって」ということばを使って、あなたの気持ちもわかるけど、私はこうなの、と、自分の気持ちをことばで伝えられるようになってきたのです。

「だって、だって」のことばが、とても多く聞かれるようになっていきます。

Aちゃんのおとしもの

一月の末のころ。家からマリーちゃんのぬいぐるみを持ってきたAちゃんは、散歩のとき、ジャンパーの中に入れて、だっこをするようなかっこうで出かけました。帰りぎわになって、泣きながら「Aちゃんのマリーちゃんがいない」と訴えました。保育者が「Aちゃんのマリーちゃんいなくなっちゃったんだってー。探してくれる？」と声をかけると、「いいよー」と、みんなはもと来た道を戻り、「マリーちゃーん！　マリーちゃーん！」と大きな声で呼びながら探しました。

マリーちゃんが見つかったとき、「よかったねー。見つかってよかったねー」とAちゃんに声をかけているYくん、Kａくん、Fくん、Iくん、Hくん。「ああ、よかった！」とTちゃんがつぶやいていました。KａくんがFくんに「Aちゃんのマリーちゃん、見つかってよかったね。ねっ！」と自分のことのようにうれしそうに話していました。園に帰るとすぐに、Aちゃんはマリーちゃんを自分のロッカーにしまっていました。

二月なかば。Aちゃんは、家から持ってきたうさぎのぬいぐるみを散歩に持っていきたいと言います。「いいよー」。でも、マリーちゃんみたいにいなくなっちゃったらどうする？」と聞くと、ロッカーに頭を入れて泣きだしてしまいました。しばらくして「どうするか決まったの？」と聞くと、「うさちゃん、ロッカーで待ってるって」と答えるAちゃん。過去の経験から、自ら決断して散歩へ出かけたのです。

この一年の保育をとおして、「子どもの育ち」と「ことばの変化」は、大いに関係していると思いました。

自分だけの世界にいた子どもたちが、遊びやけんかをとおして、「自分の気持ちをこと

表は、1年間をとおして、子どもたちからでてきた（2歳児の特徴と思われる）ことばを、順にまとめたものです。自分1人の世界にいた子どもたちが、なかまや友だちと「いっしょに」というように、世界が広がってきたようすが現れています。

1年間のことばの変化

- ダメーぜんぶ○○ちゃんの！
- さっき○○ちゃんが使ってたからダメー！
  *さっき＝きのうもさっき・何時間まえもさっき
- か〜し〜て
- ダメよ
- いっこか〜し〜て
- ダメよ
- これ、使っていい？
- ダメー、○○ちゃんが使ってるから〜
- あとでならいいよ〜
- ○○ちゃんが使いおわったら貸してあげる
- 「今」貸して
- あとで貸してね
- いいよ〜（ということばが多く使われるようになってくる）
- 入れて〜
- ○○ちゃんはいいけど○○ちゃんはダメー
- だって○○なんだもん
- ○○ちゃんが守ってあげる
- みんながいるから大丈夫
- ○○ちゃんの隣がいいー
  *隣に座りたい・隣に寝たい
- いっしょにやろう
- いっしょに遊ぼう
- ○○ちゃんが欲しいって言ってるよ
- ○○ちゃん、○○したかったの？
- わかんない、考え中
- ありがとう・ごめんね

ばにして相手に伝える」「相手の気持ちを知る」ことを積みかさね、そのなかで「ことばで言えばわかってくれる」「こういうときは、〇〇って言えばいいのだ」と、わかっていくのです。保育者が、子どもの行動を一つひとつていねいにことばに変え、伝えていくことで、子どものなかで、行動とことばの意味が結びついていきます。二歳児はことばを獲得していく時期ですから、行動と結びつけながらことばを獲得していくことの意味は、とりわけ大きいと思います。また、保育者が子どもの気持ちをていねいに代弁することで、「先生は自分のことをわかってくれた」と、おとなへの信頼が生まれます。これは、これから「自分」から「友だち、人」へと向かう土台をつくっていくうえで、とても大切なことだと思いました。

園の近くのたんぽぽ畑で。
春の陽ざしを浴びて
みんなごきげん！

3歳児…………

遊びのなかで思いがことばになる

大阪・みんなの保育園
蔵野 翠

共同保育所としてスタートし、二〇〇二年四月に認可園となったみんなの保育園。定員六〇人で、七時から二〇時まで保育しています。

思いをことばで伝えられない子どもたち

春、三歳児ぱんだ組の一三人（男の子九人、女の子四人）は、失敗を恐れて考えこんでしまうような子どもが多いクラスでした。自分の思いをことばで伝えられず、友だちとの関わりで不快なことやトラブルが起きると、力ずくで押す、おもちゃを取られてもがまんするけど友だちが後ろを向いた瞬間にあっかんべーをする、自分の思いをぶつけられないので「家燃やすぞ！」などと言う、というような子どもたちの姿がありました。

生活面でも、「おとなが手を貸してくれる」のを待つような受け身の状態が多く、自分で考えて行動する力の弱さを感じました。そこでまずめざしたのが、子どもたちが見とおしをもてるようなことばがけをして、子どもたちが自分で考えて行動できるようになることです。また、友だちのなかでしっかり自己主張するとともに、友だちの思いも受けいれられるようになってほしいと考えました。

生活のなかで「自分で考える」ように

まず、どの子にとっても自分たちの「生活」がわかりやすいような工夫をしました。

朝の集まりのときも、落ち着いて保育士のまわりに集まれない状態だったので、床にビニールテープを貼って「おうち」にみたて、ごっこ遊びをしながら集まれるようにしてみました。また目で見てわかるように、ことばがけの内容理解を助けるような絵カードをつくりました。たとえば着替えの服選びは、ことばがけだけだとどの服を選んだらいいのか判断しかねていたので、晴れ＝半袖・半ズボン、寒いとき＝長袖・長ズボンというように絵で表し、子どもたちの目が届くところに貼りました。朝の集まりで保育士が、「きょうは暑い？　寒い？」と投げかけ、子どもたちが「きょうは暑い！　晴れ！」と答えると、保育士が「じゃあ、どっちの服かな？」と問いかけるというようなやりとりをして、子どもといっしょに確認を繰りかえしました。そのうちに、保育士が言わなくても、子ども同士で声をかけあって自分で服を選ぶようになっていきました。

また、給食のお茶がこぼれて服がぬれ、テーブルが汚れてしまったようなとき、目で保育士に訴えながらも黙って座っていることが多々ありました。そんなとき、保育士は先回りして言うのではなく、自分のことばで伝えられるように問いかけるようにしました。

（保育者）「どうしたの？」

（子ども）「お茶がこぼれた」

（保育士）「そうかあ、こぼれたらどうしたらいい？」

（子ども）「ふく」

（保育士）「そうだね、ふいてみようか」

というように、子どもが自分で考えられるように心がけました。お茶がこぼれても自分でふいた経験のない子には、「こぼれたときはふいたらいいよ。これは台ふきでこうするのよー」というように、一つひとつていねいに伝えていきました。

同時に保護者にも、保育士と子どもとのやりとりのなかで大切にしていることを伝えました。なんでも先回りして言ったりやったりせず考える間をもつこと、子どもがどうしていいかわからないときは方法を伝えること、子どもが自分で考えて行動するようなおとなのことばがけ、などを伝えていきました。

絵の具遊び

いっぱい声を出して気持ちを開放し、大胆に遊んでほしいと思い、一年間をとおして絵の具遊びに取りくみました。

ホールに模造紙を二枚ほど敷いてローラーで色をつけていたのですが、少しでも手や足に絵の具がつくと大パニックになる子どもたち。そこで、保育士も手足に絵の具をいっぱいつけ、その絵の具は洗ったらちゃんと取れることを繰りかえし目の前で見せていきました。絵の具がつくと泣いてしまう子どももいましたが、そんなときはしっかり声を出して泣くことも大切だと思い、無理強いはせず、まずは絵の具を楽しんでいる保育士の姿を見てもらおうと思って、私自身が目いっぱい楽しんでみました。

また、絵の具そのものではなく、絵の具を水・湯で薄めて色水遊びもしました。水が冷たくて泣く子もいたので、お湯のコーナーをつくるなど、ひと工夫しました。

絵の具そのものではない色水遊びはなじみやすかったようで、いやがることもなく、「いちご味ー」「メロン味ー」と子ども同士で声を出して遊んでいました。こんなふうに、少しずつ絵の具に興味をもっていきました。

保護者に遊びのねらいを伝える

絵の具遊びだけではなく、どろんこ遊びも取りいれ、遊びのねらいを、ノートやおたよりでしっかり保護者に伝えました。汚れてもいい服を持ってきてもらうように頼んだり、絵の具遊びのあと、色が十分取りきれずからだにうっすら残っているような場合は、「きょうはいっぱい遊びました。家でもしっかり洗ってくださいね。話も聞いてみてくださいね」と理解してもらえるように伝えました。また、遊びのなかでのおもしろかったことや、子どもたちが変わってきた姿も毎日伝えました。

少しでも水がかかると泣いてしまう子どもが気になったので、家のお風呂のときのようすを聞いてみると、半分が赤ちゃん抱っこで頭を洗っていることがわかりました。保育園では頭から水をジャンジャンかけているけど、こわがる子には顔にかからないように洗っていることなどを話しながら、家でも少しずつそのやり方をすすめてもらえるよう、方法を伝え、協力してもらいました。

繰りかえし遊ぶなかで思いがことばになって

繰りかえし遊んでいるうちに、子どもたちにとって絵の具遊びはワクワクする活動となり、「せんせー、おもろかったなー」「あしたもしたいわー」という声がたくさん出てくるようになりました。私も、十分満足のいくまで遊びたいと思い、毎日絵の具遊びをする週案を立てました。そのときも保護者には、子どもの声と私の思いを伝え、理解してもらいました。ところが、毎日絵の具遊びを続けて四日目、さすがに「せんせー、もうあきたわ！」という声が出てきました。私は、自分の思いをことばで言えるクラスになってきていることをうれしく思いました。

絵の具遊びでは、パンツ一枚で思いっきりダイナミックに遊ぶことがあり、そのあとの片づけも子どもといっしょに遊びながらしました。特に、片づけも遊びの展開の一つなので、子どもたちと遊びながらできるように、設定保育に組みいれることで、ゆとりをもって保育することができました。

『ライオンとネズミ』

五月から、絵の具、色水、どろんこ遊びを繰りかえし取りいれて遊んできた子どもたち。友だちとの関係も深まってきました。

一一月ごろになると、「やめてって言ってるのにやめてくれへん」「～がしたいの！」などと、自分の思いをしっかりと出し、自己主張するクラスになってきたのですが、こんどは友だちとの間で上下関係がでてきたのです。「～しろや！」とこわい言い方で友だちを従わせたり、自分より弱いかな？　強いかな？　と、はかっている感じでした。

子ども同士のトラブルがふえてきました。そのたびに、子どもと話しあったり見守ったりしながら、クラスの状況に似ている絵本をいくつか読んでみました。すると、なかでも『ライオンとネズミ』は特に反応がよく、「ネズミってすごい！」「ライオンっていじわる」と口々に話しはじめました。生活発表会の題材を検討中だった私は、クラスの状況や絵本を読んだあとの子どもの姿を見て、『ライオンとネズミ』にしようと決めました。

ごっこ遊びから生活発表会へ

初めは絵本の登場人物になって一日中ごっこ遊びをしました。

ごっこ遊びが盛りあがってきたので、さらに本格的に遊ぼうと思いました。「ライオンってどこに住んでる？」と投げかけ、「ぱんだ組をジャングルにしよう」と子どもたちといっしょに雰囲気づくりを考えました。

（保育士）「ジャングルってどうやってつくる？」

（子ども）「緑の紙貼ろう」

（保育士）「緑の紙ってどこにあるんかな？」

（子ども）「大きい紙に絵の具塗るねん」

などと話しあいながら、イメージをもってみんなでジャングルづくりをしました。

ついにジャングルのできあがり！　すると、「ドアのところもしよう」「お父さんお母さんをびっくりさせよー」「上から葉っぱしようー」「ジャングルやのに誰もおらんやん。チーターつくろうや！」と、次々と子どもたちが考え、遊びを展開していきました。

幼児三歳～五歳児クラスは合同でホールで給食を食べているのですが、「せんせー、きょうジャングルで給食食べたい！」「ジャングルレストラン」とお願いされる日もふえてきて、楽しい雰囲気のなか、一日中ごっこ遊びが続きました。

生活発表会の取りくみでは、その子のよさをみんなに知ってほしいときには意識的に「○○くんのって、すごいかっこいいよな」と言ったり、友だちをおどすような言い方をしている子には「今の、絵本のライオンみたいにいじわるやったなー、大丈夫？」と、子ども自身が気づくような声かけをしました。

また役を決めて、場面場面で「友だちのステキなところ探し」をして言いあったりもしながら、子どもたちは自信をつけて発表会を迎えることができました。

子どもが「やりきった！」と思える遊びの保障を

三歳児クラスで、保護者も巻きこみながら「生活を見とおす力」「子ども同士のつながり」をつくってきましたが、その際、おとなのことばがけで子どもたちが変わっていくのがわかりました。何より大切だと思ったのは、否定的なことばは使わずに、子どもが友だちを意識しながら自ら活動に向かえるような「前向きな」ことばがけをすることです。

また、一年間をとおして行った絵の具遊びでは、気持ちが開放され、声を出して遊び、友だちと楽しかったことを共感することで、さらに子ども同士の関係が変わったと思っています。そのためには、子どもたちが十分にやりきったと感じられるよう、とことん遊べるようにするとともに、子どもといっしょに考えあいながら遊びを展開していくことが大切だということも学びました。「遊びのなかで子どもたちがぐんぐん大きくなっていく」――それを感じることができた一年間でした。

ローラーを使って
絵の具遊び！

ジャングルレストランで
給食
「かんぱーい」

3歳児…………

三歳児ならではの「友だちカルタ」

福島・石川町立第二保育所
熊井トシエ

三歳児って実に愉快。自己中心的で、それでいて友だち大好き！　友だちと日々刺激しあいながら、人としてぐんぐん大きくなっていくのが感じられる、そんな時期です。その楽しさにどっぷりつかった三歳児の姿を伝えます。

石川町立第二保育所は、福島県の南、山あり川ありの自然豊かなところにあります。一番の自慢はわが町の桜です。桜の季節には、人口一万八〇〇〇人のちいさな町が桜の花に埋まります。もちろん、保育所の庭にも桜の木がたくさんあり、花びらが子どもたちのままごとのご飯になったり、桜ジュースになったりします。秋になれば、こんどは美しく染まった桜の葉が、首飾りや冠になって登場し、子どもたちを楽しませてくれます。

こんななかで、ゼロ歳から年長までの一〇三人の子どもたちが、元気いっぱいの生活を送っています。

カルタ遊びに夢中!

二八人の三歳児たち。外遊びが大好きな子どもたちも、冬になると、サンタクロースから贈られたカルタ遊びに夢中になります。毎日の生活のなかでいつの間にか文字読みをおぼえてしまった子どももいればぜんぜん興味を示さない子どももいますが、サンタクロースにもらったカルタは特別です。

どの子も、大事に家に持ちかえって遊びます。「じいちゃんとやったの」「ママがあとで言うの」「赤ちゃんになめられた……」。おうちの状況が目に見えるようです。

数日経って、保育所でのカルタ取り遊びがスタートしました。まずは、絵でおぼえてきている子どもがチャンピオン。「Sくん、すごーい」と子どもたち。いつもは絵本などにはあまり関心のないSくんですが、家でお父さん、お母さんにしっかりカルタで遊んでもらっていました。みんなの羨望の目に得意顔です。くやしがるほかの子どもたち。

それからというもの、またまた家の人を巻きこんでカルタ取りの練習に熱が入っていきました。忙しいママも、子どもの声に応えて、少しだけ時間をつくってくれるようになりました。「ママとパパとやったの。ママより取ったよ」とうれしそうに話す子どもたち。

カルタをとおして子どもたちの気持ちのふくらみを感じ、うれしく思う保育者です。

練習すれば取れるということを感じていった子どもたちですが、なかにはぜんぜん興味をもたない子どもたちもいます。その子たちにも「自分の名前を見つけよう」と声をかけて誘ってみました。みんなで円になってカルタを囲みます。自分の名前の絵札をひたすらにらんでいる子、仲よしの友だちの絵札を自分の前にそっと並べてすぐに取れるようにキープしてあげている子など、毎日毎日、いろいろな姿が展開されていきました。

あいうえおなんて関係ない!

一か月も続いたころ、自分たちでもカルタをつくろうということになりました。

子どもたちに言わせれば、自分の名前の絵札を取りたいのに「はるとくんの（は）はあるけど、はるかちゃんの（は）がない、変だねー」。三歳児の感覚では、「あいうえお表」なんて自分たちでつくったっていいじゃないかと言うのです。不要になった少々黒い厚紙に、一生懸命に絵を描き、真剣にことばを考えます。「先生、字、書いてね」と言われ、子どもたち特有のつぶやきことばをなんども聞きかえして、「もう! 先生、わがんねーの!」と怒られる保育者です。そして、できたできた! 三歳児の友だちカルタが!

ⓒ ちいちゃんは、まひろとみひろのおねえちゃん
ⓨ ゆうきくんは、ゆうきりんりん、きょうりゅうよりつよいぞ
ⓝ なおちゃんは、とってもかわいいがんばりや

ちゃんとカルタ的なことばになっています。絵札と読み札とのつながりは、つくった本人しか理解できないようなカルタですが、子どもたちは大喜び。さっそくカルタ取りの開

始です。「おっ、こんどはゆきちゃんの（ゆ）も、ゆうきくんの（ゆ）もある、よかったね！」と子どもたち。「ゆ」だからとうっかり絵札は取れません、読み札としっかり合っている「ゆ」のほうを取らなければならないのです。

三歳児たちは、これで安心してカルタ取りを展開し、満足そうです。でも四、五歳児が入ってくると、「このカルタ、なんだかわからない！」と取りそこない、三歳児の勝ち！ますます得意顔の子どもたち。見ているほうも楽しくなってしまいます。

友だちと遊ぶからおもしろい

絵本も紙芝居も大好きな子どもたち。まわりには文字や数がいっぱいあふれていて、自然に文字や数に興味をもっていきます。生活のなかでも、保育者が意識的に「お当番さん、おやつを二個ずつ配ってね」「自分のテーブルのお友だちはなん人かな」「お休みのお友だちはなん人？」と聞いて、数字への興味がもてるようにしていきます。ゲーム遊びでも、「三人になろう！」「五人になろう！」と呼びかけます。初めのうちは自分を入れずに数えていた子どもたちも、だんだん自分を入れて数えられるようになっていきます。

そして、取れたカルタの枚数も数えられるようになり、「いち、に」と数えて、「〇〇ちゃんより多い、やったー！」「きのうより少ない」などと、数が認識できるようになっていきました。また、事実をしっかり認識できるようにもなってきて、カルタ取りのなかで「〇〇ちゃんの手はあとからだったよ！」「△△チャン、最後までがんばるの！」というような声も聞かれるようになりました。

一人で遊ぶことが好きなHくん。元気なみんなのなかになかなか入れません。出そうか出すまいか迷いながらHくんがそっと手を出したときには、「はい！　はーい！」とみんなの手が伸びてきてさっと取られてしまうのです。でも、だんだん「はいっ！」と大きな声で言わないと伝わらないことに気がついてきたHくん。少しずつ大きな声も出るようになりました。それにカルタは一人ではできませんから、静かな静かな声で、「ねえ、カルタやろう！」とみんなを誘うようにもなりました。ときには取れずにくやし涙を見せたり、友だちから「あした、がんばれば！」と励まされるなど、やっと友だちとつながった姿を見せるようになってきました。

なんでも遊びに変えてしまう名人

三歳児のパワーはすごい！　毎日毎日、ぶつかりあいもすごいけど、なんでも遊びにしてしまえる名人でもあります。たかがカルタ、されどカルタ。サンタさんから贈られた一つのカルタで何か月も遊び、気がつけば、自分や友だちの名前から文字の拾い読みができるようになってきた子どももいました。

カルタ遊びはさらに発展して、子どもたちはことば遊びを楽しむようになっていきました。しりとり、反対ことば、お手紙ごっこ（判読不明?）、紙芝居的なお話づくりなどです。絵はピカソ的（芸術的?）なのですが、カルタに出てくることばから、「先生とりーちゃんが虹の雲にのっている」「虹の雲からおばけが来ました……」などと、大きな紙に描いての紙芝居も楽しそう。絵札的ことばの遊びが、子どもたちの生活のなかでどんどん続いていきます。

ままごと遊びでも、自分の体験がそのままごっこ遊びにつながっていく三歳児。ままごとのなかにも、自分たちでつくったカルタのことばが入っていきます。「栄養満点にんじんさん！」「筋肉の力になる豚肉さん！」などと、いろいろなことばを生みだしていました。給食を食べながらのことば遊びで、苦手な野菜を食べられるようになった子どももいました。楽しさは心の栄養にもなっていくようです。

自分だけしか見えなかった子どもたちも、いつの間にかみんなで一つのことに向かえるようになっていきました。大好きなままごと遊び、犬やねこになりたいおうちごっこ、点滴はなわとび、体温計はストローの病院ごっこ、保育者にもわからないコンバンチごっこ（追いかけ遊びのようなのですが）など、役割を自分たちでつくり、みんなで笑いあっている姿があっちにもこっちにも見られます。

保育者そっくりの口調でけんかの仲裁

もちろんトラブルはつきものです。それぞれが主張しあい、一歩も譲りません。でも、そこへ誰かがが登場して、「また、始まったの！」「どうしたの、言ってみて！」と、保育者そっくりの口調で仲裁が始まります。どこかで折りあいをつけて、また遊びが展開されていきます。

いじめられたと大泣きをしているAちゃんの味方をして泣かせたSくんを本気で叱っていると、子どもたちが集まってきました。いつの間にか、保育者ｖｓ子どもたちになっていて、「おとなは子どもをいじめない！」「Sくんかわいそうでしょ！」と保育者に猛攻撃です。泣かされていたAちゃんまで「そうだよ、そうだよ！」と言います。「えー、Aちゃんのために叱っていたのに」と、保育者はしょんぼりです。

ことばも育ち、イメージもふくらんで、友だちと共感できるようになってきた子どもたち。絵本の読み聞かせごっこを始めました。ぬいぐるみやお友だちを前に並ばせ、保育者が絵本を読んであげるときと同じスタイルで感情を込めて読んでいます。でも、よーく聞いていると、途中で、自分で創作したお話も盛りこんでいるようです。だって、「おおきなかぶ」に「あかずきんちゃん」は出てきませんよね。

保育者のスタイルをまねて「絵本の読み聞かせごっこ」

りんご組
2歳児

口と同時に手も出る

ことばの獲得拡大期。
いっきに
しゃべるようになる1年。
月齢差があり、かみつきも。

月齢の低い子が
高い子に
言いくるめられる
こともしばしば。

これよね?
こっちじゃ
ないよね?
はい、これ。
今まで
使っとったのに一
あっち
なのに一

保育者はこの子の思いを
聞きだしながら代弁

「ウオッチ」
高陽なかよし保育園

うみ組
3歳児

口で言う前に手がでる

おとなが仲介に入りながら
ことばで言おうね、と確認

けんかがダイナミック、
スピーディーになりすぎて
ことばが追いつかない。

質問の嵐!

むずかしくても
きちんと
答えるよう努力中。
でも、あまり多すぎて
ぐったり。
子ども自身の
理由づけもでてくる。

なんなん?
どうしてなん?
どうしてなん?
なんなんなんなん?

保育のきほん
2・3歳児

2010年8月10日　初版第1刷発行

編集――――――『ちいさいなかま』編集部

発行――――――ちいさいなかま社
〒160-0001 東京都杉並区阿佐谷北3-36-20
TEL 03-3339-3902（代）
FAX 03-3310-2535
URL http://www.hoiku-zenhoren.org/
発売――――――ひとなる書房
〒113-0033 東京都文京区本郷2-17-13　広和レジデンス101
TEL 03-3811-1372
FAX 03-3811-1383
Email:hitonaru@alles.or.jp

印刷所――――光陽メディア

ISBN978-4-89464-151-8 C3037

イラスト――――――近藤理恵

ブックデザイン――阿部美智（オフィスあみ）